Laure Bazire & Flore Talamon

Les Enfants des Lumières

1759
La plume de l'ange

Nathan

À mes parents et aux générations d'éditeurs
qui les ont précédés.

F. T.

À mon mari et à mes fils,
pour tous les « y' en' a » qui ponctuent leur existence.

L. B.

PROLOGUE

L'HOMME SE LAISSA ALLER contre le dosseret de son fauteuil. Il était seul, seul dans le théâtre, seul dans sa loge. La grille qui le séparait de la salle laissait filtrer, au travers de ses mailles ajourées, la rumeur qui montait lentement… Un léger frisson l'effleura et son pouls s'accéléra comme sous l'effet d'une poussée de fièvre. Le triomphe, enfin, était à portée de main. Un triomphe qui ferait de lui un auteur admiré, respecté. Ses doigts parcoururent une nouvelle fois les tendres veinures du cuir qui recouvrait son œuvre. Une reliure coûteuse, certes, mais il fallait un écrin digne de protéger les trésors d'esprit que contenaient *Les Sources de l'amour*. Il porta son regard sur la scène. Les fauteuils destinés à l'aristocratie, qui réduisaient fâcheusement l'espace laissé aux comédiens, étaient encore inoccupés.

Un grincement sourd lui fit tourner la tête : dans la salle, les machinistes descendaient le gigantesque lustre pour allumer une à une les cent quarante bougies. Il avait bien exigé que les chandelles fussent de cire blanche et non de suif. L'odeur et la fumée qui s'en dégageaient auraient pu incommoder les spectateurs venus saluer sa pièce. Saluer… Il se renfonça dans son fauteuil. Rien ne troublerait la première représentation de son œuvre : il avait rencontré le chef de la claque[1], payé ce qui était dû pour assurer les applaudissements, fait circuler des extraits de son manuscrit, procédé à quelques lectures privées dans des salons bien choisis. Le Dauphin[2] lui-même lui avait garanti sa protection.

Alors… alors on verrait enfin la vérité sur les Encyclopédistes, ces soi-disant savants qui empuantissaient les salons. Ah, il les avait bien arrangés, eux et leurs théories aussi fumeuses que funestes ! Son héros, Lubin, beau penseur à l'esprit vigoureux, leur infligeait une sacrée correction ! La pièce était proche de la farce, mais les répliques drôles et bien enlevées filaient comme autant de flèches vers leur cible : les prétendus philosophes, leurs sottes idées, leurs bavardages et leur prétention à changer le monde et ses habitants.

1. Groupe recruté pour applaudir afin de soutenir une pièce.
2. Louis de France, l'aîné des fils du roi, Louis XV.

Le lustre, chargé de ses lumières, remonta vers le plafond, hissé par trois hommes qui l'arrimèrent avant d'allumer les flambeaux qui éclairaient la scène. Lorsqu'ils quittèrent la salle, l'ouverture d'une des portes latérales laissa entrer les bruits de l'extérieur : rires, paroles et cris pénétrèrent quelques instants avant que la porte ne se referme. L'homme respira profondément, tout en feuilletant machinalement les pages de son manuscrit. Nul besoin de le consulter pour vérifier le texte : il connaissait par cœur la moindre des répliques.

Enfin, les portes s'ouvrirent et le bruit éclata. Les loges qui lui faisaient face s'éclairèrent et il vit les étoffes chatoyantes des robes, ces dames parées d'éventails qu'elles dépliaient et repliaient nonchalamment. Les rangées de chaises et de bancs se remplirent, tandis que du dernier étage lui parvenait le grondement de la populace qui se pressait au poulailler. La claque devait être là-haut, l'œil fixé sur son chef, attentive à provoquer les rires et les applaudissements à son moindre signal. Il avait lui-même arrêté les plus petits détails ; dès la première scène, les rires devaient fuser et un « bravo » hurlé du fond des loges enclencherait une série d'applaudissements. Tout était prêt.

Les petits-maîtres[1] arrivèrent sur les planches et se posèrent sur les fauteuils réservés, monnayés à prix d'or auprès des gens du théâtre. Ceux-là étaient des spectateurs perdus pour sa cause. Installés à quelques centimètres des comédiens, ils s'intéressaient plus à la finesse d'une taille qu'à une réplique, et le galbe d'une jambe les enthousiasmait plus que la musicalité d'un alexandrin ! Ils ne venaient au théâtre que pour évaluer une future conquête, flatter une maîtresse en lui glissant quelques œillades, ou bien, pour les plus audacieux, tâter la tendresse d'une gorge.

La salle était presque pleine. Il ajusta sa minuscule longue-vue en ivoire pour parcourir les loges et les rangs. Tous ses amis étaient là. Il ne put retenir un petit rire de satisfaction, se redressa sur son fauteuil et ajusta ses manchettes de dentelle. Il s'était longuement apprêté, choisissant avec soin la tenue et la perruque adaptées. Ce dernier élément avait été l'objet d'un cruel dilemme : quelle était la coiffure idéale pour la circonstance ? Après bien des hésitations devant les nombreux modèles dont il était l'heureux propriétaire, il avait opté pour une perruque à catogan, poudrée à frimas, qui lui donnerait l'allure souhaitée :

1. Jeunes élégants préoccupés de leur apparence et qui viennent en société pour se montrer.

un maintien modestement triomphant. Non, il n'avait rien négligé, et il fallait désormais surmonter ses craintes. Il avait pris un risque avec cette pièce, alors que seule la prudence permettait la survie dans cette terre marécageuse qu'était la Cour. Mais dans ce cas, le risque était calculé, maîtrisé, sur un sujet qui ne pouvait que complaire au Dauphin : traîner les philosophes dans la boue, et avec eux, la Pompadour, maîtresse en titre de Louis XV et ennemie jurée de son maître...

Il allait actionner la petite manivelle qui permettait d'abaisser l'écran grillagé qui le séparait du public lorsqu'il aperçut dans la salle une silhouette connue. Un grand dadais qui se faisait remarquer à Versailles, un oiseau des îles, fleurant à plein nez la vanille, toujours empanaché et poursuivi par une floraison de jeunes filles ! Un écumeur de salons devant lequel s'ouvraient les portes les plus fermées. À peine débarqué de son lopin de terre perdu dans les océans, il étalait ses prétentions littéraires, abreuvait les dames de poèmes ridicules et se prétendait philosophe. Et son rire... Il riait de la manière la plus vulgaire, en relevant ses lèvres jusqu'à découvrir ses gencives. Un vrai macaque. Et maintenant il était là, vautré dans une loge, débordant de dentelles, parlant haut et fort ! Mais que venait-il faire ici ? La clameur qui monta du parterre interrompit le cours de ses réflexions. Après les trois coups réglementaires du brigadier, la pièce débutait enfin.

Les répliques s'enchaînaient sans anicroches. La claque remplissait son rôle, un peu mollement, lui semblait-il, mais il attendait le morceau de bravoure de l'acte II, qui enflammerait la salle. Lorsque enfin Lubin prit l'héroïne dans ses bras pour lui déclarer sa flamme, on entendit distinctement dans la salle : « T'as raison, ma belle, *asinus asinum fricat*[1]. » La réplique latine fit l'effet d'une bombe. Les spectateurs, d'abord étonnés, se tournèrent vers l'endroit d'où était partie l'apostrophe. D'un autre point de la salle jaillit un braiment strident, suivi de nombreux autres. L'auteur, abrité dans sa loge, entendit un rire, puis deux, puis ce fut comme une houle qui submergea l'assemblée. Les comédiens, affolés, haussèrent le ton pour se faire entendre, mais c'était sans espoir. La salle entière riait, chacun répétant le bon mot à son voisin. L'homme, le visage écrasé contre la grille, ne voyait plus qu'une marée de visages rieurs, de lèvres échangeant des quolibets, sans plus prêter attention aux comédiens. Lorsque le directeur du théâtre monta sur la scène

---

1. Littéralement : « L'âne frotte l'âne. » Dans le contexte, signifie que Lubin et sa conquête sont deux imbéciles.

et tenta d'expliquer que le spectacle n'était pas fini, cinquante, cent bouches peut-être s'ouvrirent pour hurler un « Hélas ! » dans un immense éclat de rire.

Le théâtre se vida peu après. Dans la loge grillagée désormais vide, une couverture de maroquin vomissait les morceaux épars d'un manuscrit déchiré. Voletant dans l'air surchauffé, le coin arraché d'une page se posa sur le dossier d'un fauteuil où s'étalaient en traînées blanchâtres des restes de poudre.

CHAPITRE I

31 janvier 1759

MALGRÉ LA PROFONDE OBSCURITÉ, la jeune fille sentait qu'elle ne parviendrait jamais à se rendormir. Les yeux grands ouverts, elle écoutait avec une exaspération croissante les respirations de ses sœurs – celle, rapide, de la petite Nicole à côté d'elle et celle, plus profonde et paisible, d'Esther, l'aînée des trois filles. Dans la maison, pas un bruit, et dans la rue, presque rien, si ce n'était un trottinement léger, peut-être celui d'un âne chargé de provisions en route pour les Halles. Elle pensa qu'il ne devait être guère plus de quatre heures du matin, ce que confirmèrent les cloches de Notre-Dame. Pourquoi était-elle éveillée si tôt, elle dont tout le monde enviait le sommeil imperturbable ? On n'était pas encore le 2 février, la Chandeleur, fête qu'elle attendait depuis des semaines. Ce jour-là, il y aurait, bien sûr, l'habituel festin de crêpes, mais surtout, elle aurait l'autorisation exceptionnelle de suivre la procession de chandelles qui illuminerait toute la rue Saint-Jacques. Et ce ne serait pas la présence d'Ursule collée à ses basques qui l'empêcherait d'en jouir !

À cette idée, elle ne se contint plus et sauta brusquement sur ses pieds. Hors du lit, l'atmosphère était glacée, et après avoir tâtonné pour retrouver ses habits dans le noir, elle ôta vivement sa chemise de nuit pour enfiler robe et bas au plus vite.

Elle descendait l'escalier quand, au premier étage, elle remarqua une petite lueur émanant du cabinet de travail de son père. Intriguée, elle y pénétra. Personne, constata-t-elle, mais le maître des lieux avait dû veiller tard, car la chandelle qu'il avait oublié d'éteindre en allant se coucher n'était pas encore entièrement consumée. Elle regarda avec attendrissement autour d'elle. Dans ce cabinet battait le cœur de l'imprimerie Amelot. Chaque objet y jouait un rôle. Sur ce fauteuil canné, derrière le bureau, son père recevait ses visiteurs, décidait ou non de publier une œuvre. La table de travail croulait sous les manuscrits en attente. Dans cette casse[1] accrochée au mur s'alignaient les

1. Boîte divisée en casiers.

caractères d'imprimerie avec lesquels son père jouait machinalement lorsqu'il était préoccupé…

Mais pour la jeune fille, cette pièce, toujours encombrée d'épreuves[1] ratées, de livres invendus et d'épais registres de comptabilité, était surtout l'antichambre du savoir. C'était là, cachée sous le bureau, qu'elle avait fait ses premiers dessins, sur le dos de feuilles volées. C'était là, dans l'odeur des reliures, qu'elle avait appris à lire pour tenter de comprendre ce qu'il y avait de passionnant dans ces rectangles de papier où les noirs jouaient avec les blancs. C'était encore là qu'elle avait formé ses premières phrases, scène immortalisée par un graveur dans une sanguine qui la représentait couchée sur le ventre, s'amusant avec les signes en plomb de la casse… « Judith ! s'exclamait son père quand il la retrouvait ainsi réfugiée dans son cabinet de travail. Voudrais-tu prendre ma place ?! » Alors il l'asseyait sur ses genoux et lui montrait avec fierté ses dernières publications, jusqu'à ce que Violaine Amelot, sa mère, surgît, ulcérée, et l'arrachât à un lieu si peu féminin.

Tout en se remémorant ces souvenirs, la dénommée

1. Documents imprimés permettant de corriger les erreurs de mise en page avant l'impression définitive.

Judith, machinalement, remettait un peu d'ordre autour d'elle. Les livres éparpillés réintégrèrent les bibliothèques, les manuscrits redevinrent des piles, et elle prit même le temps de ranger le bureau. Elle remit à sa place, dans la petite écritoire en faïence de Rouen, la boîte à poudre qui servait à sécher l'encre, vérifia que l'éponge à nettoyer les plumes était humide et les bâtons de cire à cacheter encore utilisables. Quand elle eut fini, elle jeta un coup d'œil par la fenêtre. La rue Saint-Jacques était maintenant beaucoup plus animée, et, à la lumière des lanternes, elle pouvait voir des lavandières portant leur linge à la Seine, des robes noires se rendant d'un pas hâtif au Palais de justice, des commis courant à leur office. Dans le brouhaha croissant de la rue, elle entendit soudain une mélopée répétée à plusieurs reprises et, comme piquée par une mouche, elle se précipita dans l'escalier. Lorsqu'elle fit irruption dans la cuisine, Ursule allumait déjà le fourneau tout en chantant de sa voix rauque sa ritournelle habituelle :

Mon père m'a donné un mari
Mon Dieu ! quel homme, qu'il est petit !
Dans mon grand lit, je le perdis
Mon Dieu ! quel homme, qu'il est petit !

Judith, se gardant d'interrompre la cuisinière, attrapa un pot en terre dans l'armoire et fila dans la rue, sans même se couvrir de sa pèlerine. Elle revint au bout de quelques minutes, la mine triomphante, tenant à bout de bras le récipient qui fumait.

– C'est père qui va être content : il raffole du café au lait ! Et puis cela ne peut que lui être salutaire. Sais-tu, Ursule, que j'ai lu dans une gazette que l'huile et les sels sulfureux du café mettent le sang en mouvement, corrigent les aigreurs et précipitent les aliments ? En revanche, méfie-toi, les personnes maigres et sèches ne doivent pas en abuser !

Ursule haussa les épaules et, le regard lourd de reproches, lui lança sans aménité :

– Et toi, c'est pas du peigne ni du bonjour que tu abuses ! Tu sais ce que dirait Madame si elle te voyait sortir sans bonnet ! Que tu es une... voyons, comment qu'on dit déjà... ah, une échevauchée ! Et elle aurait pas tort ! À dix-sept ans, faudrait p'têt savoir se tenir !

Judith pouffa devant la trouvaille linguistique de la cuisinière, puis passa la main dans ses cheveux et soupira. À s'habiller dans le noir, elle en avait oublié de couvrir sa chevelure ! Elle se dirigea vers l'escalier, tandis que la cuisinière reprenait sa rengaine et clamait d'un ton vengeur :

Pris ma chandelle et le cherchis
Mon Dieu ! quel homme, qu'il est petit !
À la paillasse le feu prit
Mon Dieu ! quel homme, qu'il est petit !

« Jamais elle ne lui pardonnera », se dit la jeune fille en regagnant sa chambre. La cuisinière avait gardé une haine féroce pour son mari depuis que celui-ci, gagne-deniers, l'avait quittée, un beau matin, soit-disant pour chercher du travail en place de Grève. Il avait tout bonnement disparu, et après avoir alerté la police, cherché dans tous les quartiers de Paris, Ursule avait dû se faire une raison : il était parti, la laissant seule, nantie pour unique secours de ses pauvres bras maigres.

Dans la chambre, il n'y avait plus personne. Judith présuma que ses sœurs avaient accompagné leur mère aux laudes, et une fois les volets ouverts, se coiffa soigneusement. « Tant pis, Dieu me pardonnera d'avoir raté l'office, puisque je me suis rendue utile », pensa-t-elle.

C'est à cet instant qu'elle se souvint de la mission que lui avait confiée son père la veille, et des échantillons de papier qu'elle devait porter à un auteur, quai des Augustins. Elle se rendit d'un pas ferme dans la cour qui séparait la librairie de l'imprimerie, là où se trouvait le magasin à papier. Quelle ne fut pas sa surprise d'y découvrir Nicole, sa petite sœur, âgée de tout juste onze ans ! Assise sur une pile, en compagnie de Mesliand, l'un des deux compositeurs[1] de l'imprimerie, elle regardait une feuille de papier au travers de la flamme d'une bougie.

– Ninite, tu n'es pas à l'office ! Et pourquoi ? s'exclama Judith.

La petite fille rougit.

– J'ai été prise au réveil d'une quinte de toux. Mère a craint une fluxion et m'a autorisée à rester à la maison.

– Ah oui ! Mais si mademoiselle a une maladie de la poitrine, elle ferait mieux de rester au lit… et de prendre une bonne cuillère de sirop de mou de veau ! menaça l'aînée.

Nicole fit une grimace et reprit d'un ton suppliant :

– Je retourne dans ma chambre… Tu ne diras rien à mère ?

– Mais non, répondit Judith en riant de bon cœur devant l'effroi de sa sœur.

La benjamine, rassérénée, s'enhardit :

---

1. Ouvrier qui compose le texte en assemblant les caractères d'imprimerie pour reproduire lettre après lettre le manuscrit.

– Regarde, M. Mesliand m'a appris à retrouver les filigranes du papier et à les dessiner.

Elle tendit plusieurs feuilles dont elle avait, avec un crayon sépia, surligné les filigranes, ces marques plus claires dans le papier par lesquelles chaque fabricant signe ses productions. La fillette avait ainsi fait apparaître un moulin, une croix, une clef...

– C'est une bonne idée, commenta Judith en souriant à l'ouvrier, qu'elle avait ignoré jusque-là.

Celui-ci la regardait avec cet air sombre, intense, qui ne le quittait guère.

– Merci, mademoiselle, répondit-il. Votre sœur dessine à merveille, c'est une personne talentueuse, comme...

Il sembla un instant vouloir ajouter quelque chose, puis changea d'avis et se tut.

– Mesliand ! hurla une voix dans la cour.

– Excusez-moi, on me demande, dit-il en se retirant.

Judith regarda le compositeur quitter la pièce. Recommandé par une connaissance de son père, il avait commencé à travailler à l'imprimerie seulement quelques mois auparavant. Jusqu'à présent, il avait donné satisfaction à Balthazar Amelot, qui l'appréciait pour la qualité de son travail. Judith pensa que ce fils de libraire rouennais eût été sans doute l'un des rares interlocuteurs possibles de l'atelier, mais il était si taciturne que c'en était décourageant... Lorsque la porte se referma, Nicole interrompit de sa voix aiguë le cours des pensées de Judith :

– Dis donc, j'ai pas voulu te contrer devant Mesliand, mais tu as du toupet de me reprocher de ne pas aller à l'office !

La benjamine la regardait bien en face, son petit visage tendu sous l'effet de la colère. Judith fronça les sourcils.

– Mais sur quel ton me parles-tu ? Tu oublies que je suis ton aînée ?

– Ah, ça, non ! On me le répète assez, que je suis la plus petite ! N'empêche que les laudes, tu n'y as pas été non plus ! Alors ?

– J'ai des choses à faire ce matin, des choses importantes que père m'a confiées. Alors file dans ta chambre avec tes feuilles, petite moisissure ! conclut l'aînée, en affectant une indulgence princière.

– J'y cours, vieille pomme véreuse !

Nicole éclata d'un rire moqueur et quitta la pièce en courant. Judith regarda sa sœur disparaître avec un soupçon d'énervement, puis collecta quelques échantillons de papier avant d'affronter de nouveau le froid du matin.

L'auteur semblait satisfait de son choix final. Tout

en lui confirmant que le grain de ce papier serait parfait pour la typographie retenue, la jeune fille tenait sa main droite cachée sous ses vêtements. Si le vieil homme s'étonna de sa conduite, il n'en laissa rien paraître. Après les salutations d'usage, Judith quitta les lieux, l'œil vengeur. Les poings enfoncés dans les poches de sa pèlerine, elle s'engagea résolument dans l'ombre des hautes maisons en brique et pierre qui bordaient l'entrée de la place Dauphine. Soudain, elle s'arrêta net et sortit sa main droite pour la contempler une nouvelle fois d'un air désolé. Elles étaient jolies, ses mains, tout le monde s'accordait là-dessus. Fines, longues, la paume étroite et les articulations bien marquées. Et puis surtout, en temps normal, elles étaient blanches, et elle prenait grand soin de cette blancheur si aristocratique !

Pourquoi avait-il donc fallu qu'un coquin de l'imprimerie cachât dans la poche de sa pèlerine un chiffon imbibé d'encre ? Elle était sortie vite, sans ses gants, sa pèlerine jetée à la hâte sur les épaules, et c'est en enfonçant ses mains dans ses poches qu'elle avait senti une matière un peu spongieuse. Elle s'était arrêtée pour extirper cette étrange chose, et maintenant, au bout du bras droit, ce n'était plus une main qu'elle avait, c'était… tiens, une araignée, voilà ! Il lui manquait juste quelques poils pour la rendre semblable aux espèces velues des tropiques ! Elle ne s'arrêta qu'un instant dans le triangle de lumière que le pâle soleil de janvier dessinait au milieu de la place. En temps normal, elle aimait ce lieu, la belle uniformité de ses façades classiques et son calme reposant après l'animation du pont Neuf. Mais ce matin-là, même l'harmonie de ce petit coin de l'île de la Cité ne pouvait la dérider. Elle était loin de sa belle humeur du lever.

Elle reprit sa route vers le quartier Latin. Toute à sa colère, elle marchait à grands pas, les sourcils froncés, tâchant simplement d'éviter de crotter le bas de sa robe. Les rues de Paris étaient jonchées d'immondices et y circuler nécessitait une certaine habileté. Il fallait parvenir à longer les bornes, dans le haut du pavé, tout en évitant le contenu des seaux d'aisance lâché des étages. Un pas de travers, et c'était le centre de la rue, avec ses déjections diverses, bouses de vache et autres réjouissances, qui gâtaient à coup sûr un tissu. Déjà que l'une de ses mains était souillée…

Évidemment, le coup ne pouvait provenir que de l'un des ouvriers de l'imprimerie. Était-il crédible qu'un membre de sa famille se fût amusé à de tels enfantillages ? Son père cachait sa tendresse et sa fierté paternelle sous des abords souvent bourrus, mais jamais il ne se serait abaissé à une plaisanterie de ce genre. De sa mère, elle savait la douce affection, parfois un peu détournée par son amour de la religion et des saintes œuvres... qui la tenaient bien éloignée de ce type d'amusements ! Quant à ses deux sœurs, Esther et Nicole, leurs tempéraments les innocentaient également : Esther, son aînée, était sérieuse et réfléchie ; Nicole, la petite dernière, lui vouait, malgré ses facéties, un véritable culte.

Tout en longeant les hauts murs de la Conciergerie, elle passa en revue les hommes de l'atelier. Elle devait bien avouer qu'elle ne les connaissait guère. Aucun d'eux, mis à part l'apprenti, ne vivait sur place, et elle ne les voyait en général qu'en groupe et en tenue de travail – bonnets et tabliers de coutil blancs. Elle récapitula ce qu'elle savait d'eux.

Avec Chapelle, le prote[1], elle entretenait des relations détestables. Parce qu'il était le contremaître de l'imprimerie, il se croyait tout-puissant et se permettait parfois de lui donner des ordres – auxquels, bien entendu, elle n'obéissait pas. Il lui arrivait aussi de lancer en sa présence des remarques incompréhensibles pour elle, mais qui faisaient s'esclaffer les autres. Pour autant, il semblait plus enclin à se prendre au sérieux qu'à jouer au farceur.

1. Chef des ouvriers de l'atelier d'imprimerie.

Gorgemelle, le premier compositeur et plus ancien ouvrier de l'imprimerie, était d'une tout autre fabrique. Rien de prétentieux en lui. La quarantaine dépassée, chargé de famille, il inspirait plutôt pitié, avec son souffle rauque d'asthmatique, son ventre ballonné et sa difficulté à se mouvoir. Comment l'imaginer se prêtant à une telle plaisanterie ?

Le cas de son confrère Mesliand était plus difficile à juger. Silencieux, voire fuyant, il filait sans traîner dès son travail terminé. À l'atelier, il n'entretenait guère de liens avec les autres ouvriers. Drôle de comportement pour un compagnon[1] ! Les seules personnes qui semblaient trouver grâce à ses yeux, tout compte fait, étaient Nicole, envers qui il se montrait charmant, et Adrien, le nouvel apprenti, qu'il formait avec patience. Au total, il paraissait plus désireux d'éviter les noises que de les chercher…

Tiens, Adrien, justement. À quatorze ans, il avait bien l'âge des stupidités à répétition, mais ne se serait sans doute pas risqué à un tel geste. Logé dans les combles, nourri à la table familiale, formé à un métier, n'avait-il pas tout à perdre à asticoter la fille de son maître ? Sans compter qu'il avait l'air plutôt timide et horriblement effrayé par Chapelle.

---

1. Ouvrier qui n'est plus apprenti mais pas encore maître.

Quant aux deux pressiers[1], Poinçon et Banneau, de vrais « ours » mal léchés, sans éducation et sans manières, ils avaient de bonnes têtes de suspects. Ceux-là, rien ne pouvait a priori les innocenter.

Judith soupira. Difficile de savoir, parmi tous ces suspects, quel était le mauvais plaisantin qui s'était attaqué à sa main. Et d'ailleurs, était-ce réellement une plaisanterie ? En y réfléchissant bien, elle n'arrivait pas à prendre ce geste à la légère. Elle sentait bien que ses discussions avec son père, sa manière de regarder et de s'intéresser au travail des ouvriers les agaçaient – parce qu'elle était une fille, et de surcroît la fille du maître, « le bourgeois », comme ils l'appelaient.

Bien décidée à se venger d'une manière ou d'une autre, elle tourna au coin du Palais de justice pour traverser l'île de la Cité et rejoindre les berges sud de la Seine. C'est à cet instant qu'elle entendit des cris et aperçut un attroupement devant le grand perron du Palais.

---

1. Ouvriers travaillant à la presse, la machine permettant d'imprimer les textes. On les surnommait « ours » en raison de la force que cette tâche exigeait.

CHAPITRE II

INTRIGUÉE, JUDITH S'APPROCHA rapidement de la foule passablement échauffée et joua des coudes pour accéder au spectacle qui attirait tant de badauds devant le Palais de justice. En fendant la presse, elle eut fugitivement l'impression de reconnaître Mesliand, le compositeur. Mais l'homme se retourna, ne laissant voir que le dos d'une redingote trop bien coupée pour être celle d'un ouvrier. Des roulements de tambour retentirent. Judith avança encore un peu et soudain se figea, le souffle coupé, le cœur battant la chamade.

Devant elle, sur le perron, se tenait le bourreau ! Tout de noir vêtu, les jambes écartées, il avait le visage dissimulé sous un masque de cuir. Attrapant un livre placé sur une table tendue de noir, il le leva haut afin de le montrer à la foule qui grondait. Judith resta un instant stupéfaite. Que pouvait faire un bourreau un livre à la main ? L'exécuteur de la justice choisit alors avec soin, dans la panoplie disposée devant lui, un couteau à fine lame. Sous les acclamations de la foule désormais déchaînée, il en inséra la pointe dans le dos de l'ouvrage, qu'il entreprit de lacérer avec précision.

Judith, comme pétrifiée, suivit des yeux chaque geste du bourreau qui, après avoir soigneusement tailladé la couverture et laissé de larges balafres sur les pages, prit enfin une torche pour mettre le feu à l'ouvrage. Les roulements des tambours, les cris exaltés des spectateurs hurlant « À bas les Cacouacs[1] ! », « À mort les hérétiques ! », « Helvétius à la Bastille ! » se mêlaient en un infernal charivari.

Incapable d'en supporter plus, la jeune fille tourna les talons, et, les larmes aux yeux, courut jusqu'au pont Saint-Michel. Là, elle s'arrêta pour reprendre son souffle. Elle se sentait profondément atteinte par la scène qu'elle venait de voir et tenta de se raisonner. « Après tout, se dit-elle, il ne s'agit que de quelques feuilles de papier. Pour une fois, ce n'est pas un être humain que l'on torture ou que l'on tue… » Le souvenir de l'abominable supplice qu'avait subi le régicide Damiens en place de Grève la fit frissonner. Qu'étaient quelques feuilles de papier brûlées au regard de la mort qui frappait au quotidien dans les rues de Paris ?

1. Surnom que les opposants à l'*Encyclopédie* donnaient à ses auteurs.

N'était-elle pas accoutumée à y voir des mendiants décharnés, des estropiés à moitié gelés, des enfants aux regards abattus par les fièvres, sans parler des cadavres de chiens et de chats pourrissant dans les ruelles obscures ? Mais tous ses raisonnements n'y faisaient rien. La violence de la scène ne s'estompait pas. Plus que les gestes du bourreau, il y avait la réaction avide de la foule. Les badauds semblaient regretter le temps où la justice brûlait les auteurs et non les livres ! La perception de cette brutalité l'effraya, comme si derrière ce livre lacéré, c'était sa vie à elle qui était menacée.

Elle commença à gravir la rue Saint-Jacques. Malgré la fade lumière de cette journée, elle pouvait déjà voir, de loin, l'enseigne « Amelot et fils », qui datait de l'époque de son grand-père et portait aujourd'hui bien mal son nom. Elle songea au petit Louis quelques instants, mais sentant son cœur se serrer, elle accéléra le pas.

Ce jour-là particulièrement, la vision de la boutique familiale adoucit la colère et la peur qu'elle sentait monter en petites bulles acides dans son esprit. Il fallait qu'elle parlât à son père de cette scène, pour se faire expliquer toute cette affaire, et, comme après un mauvais réveil, exorciser les filaments teigneux d'un cauchemar. Lorsqu'elle poussa la porte de la librairie, la douce chaleur du lieu la réconforta. Elle posa sa pèlerine dans le couloir et passa dans l'arrière-boutique au moment où son père y entrait. Sans réfléchir plus avant, elle se jeta dans ses bras.

– Hé bien, jeune fille, on a encore besoin de son vieux géniteur?

– Oh, père, je suis tellement heureuse de vous voir!

Surpris, Balthazar Amelot se dégagea de l'étreinte de son enfant et contempla son visage. Ses courbes douces encore imprégnées d'enfance étaient altérées sous l'effet de l'émotion. Sans qu'il eût le temps de poser une question, Judith se lança dans le récit de ce qu'elle avait vu devant le Palais de justice.

– Vous comprenez, père, c'était épouvantable de voir ce couteau qui déchirait le livre, c'était comme…

– Comme si on écorchait un être humain, compléta le libraire, la main toujours posée sur la tête de sa fille. Je comprends ce que tu as pu ressentir. Mais, tu sais, le bourreau agit ainsi pour impressionner la foule. Tu as vu brûler en place publique un livre, le fameux *De l'esprit* écrit par Helvétius, philosophe de son état, et donc en guerre pour réformer le monde. Quand on raisonne, comme lui, sur ce qui fonde notre monarchie depuis des siècles, c'est-à-dire l'inégalité entre les êtres, on s'expose soit à la censure, soit aux affres de la justice. C'est ce qui vient de lui arriver. Et encore, ce n'est pas à lui mais à son livre qu'on s'en prend !

La jeune fille dit avec emportement :

– Mais alors c'est qu'on ne peut pas écrire ce qu'on veut !

– Le plus souvent, c'est possible, à condition d'être prudent ou d'avoir de bons appuis. Mais, dis-moi, observa-t-il d'une voix doucement ironique, je t'explique des choses que tu devrais déjà savoir, et je me demande parfois à quoi ont servi les louis d'or versés à ton précepteur pendant toutes ces années…

– À rien, répondit Judith sur le même ton, mais un rien que je puis vous dire en vers, en latin, en chantant ou en dansant.

Ce disant, elle effectua une brève mais gracieuse révérence, et Balthazar Amelot se mit à rire :

– Tu as encore une fois le dernier mot ! Je te l'accorde, je ne peux te reprocher les choix pédagogiques de ce bon M. Pelisse… Il ne rajeunit pas et peut-être devrais-je trouver un maître un peu plus au goût du jour pour notre petite Nicole…

– Oui, sans doute, père, mais la censure ?

– Ah, la censure… Je ne peux nier que son contrôle soit parfois un obstacle. Tout écrit peut transporter des idées qui vont lui déplaire, et, crois-moi, les gens qui y travaillent ne sont pas sots ! Ils savent parfaitement détecter les propos dangereux qui contestent l'ordre établi, y compris dans des ouvrages réputés divertissants comme les romans. Certains sujets sont devenus très délicats : alors plutôt que d'avoir des problèmes, je me garde des auteurs dont je connais l'esprit polémique.

– Mais c'est là pourtant où se trouve la grandeur de l'imprimerie ! Dans la diffusion des idées novatrices !

Judith, qui s'échauffait tout en parlant, leva les bras au ciel pour marquer son indignation. Balthazar Amelot haussa un sourcil étonné à la vue de la main noire qui passait et repassait devant ses yeux, puis, revenant à l'agitation de sa cadette, ne put s'empêcher, devant l'échec de ses efforts pour inculquer la modération à Judith, de penser à la vanité et au coût de toute éducation.

– Mais tu es terrible, une vraie harpie ! Lorsque je te vois ainsi, avec ces ondes de colère qui te traversent le visage, tu me fais presque peur ! On ne peut pas dire que tu aies hérité du calme de ta mère, et je crains d'ores et déjà pour ton futur mari !

Il fit une pause pour laisser à Judith le temps de se reprendre, et poursuivit :

– Comprends, ma fille, que dans ce royaume le jeu est plus dangereux pour les libraires que pour les idées. Les idées sont légères, elles volent plus vite que les interdits, et même si on brûle les livres, elles n'en meurent pas pour autant. D'ailleurs, les auteurs peuvent toujours se protéger en s'enfuyant à l'étranger. La position des libraires est plus délicate. Ils ont pignon sur rue et sont aisément arrêtés. C'est pourquoi peu de mes confrères publient ouvertement des ouvrages contestataires, et que de nombreux philosophes sont imprimés soit en Hollande ou en Suisse, soit clandestinement en France.

Judith redressa la tête et s'exclama, furieuse :

– En voilà, des pleutres !

– Des pleutres ? Enfin, Judith, mesure tes propos ! Souhaiterais-tu me voir jeté en prison ?

La jeune fille rougit, consciente de la sottise qu'elle venait de proférer.

– Pardon, père, je m'emporte…

– Oui, c'est l'un de tes charmes, mais je ne sais pas si c'est celui que j'aime le plus. Allons, file donc voir ta mère et demande-lui si tu peux l'aider… et tant que tu y es, n'hésite pas à te laver les mains !

Bien que vexée par la dernière remarque de son père, Judith se sentait maintenant rassérénée. Il avait bien raison, les idées volaient, et si choquante qu'ait été la scène de la lacération, elle n'était qu'une comédie, certes brutale, mais au fond naïve, un peu comme les images qui ornent certains livres pieux. Elle sortit de l'arrière-salle pour gagner la cuisine. Rendre à sa main sa blancheur initiale nécessitait les conseils d'Ursule, experte en éradication des taches. Judith savait d'expérience que l'encre ne part pas facilement. Lorsqu'il s'agissait de quelques gouttes, elle se trempait les mains dans du lait tiède avant de frotter avec une pierre ponce et, moyennant une rougeur momentanée, les traces disparaissaient. Mais là ! Il lui fallait les conseils d'une spécialiste, même revêche comme savait l'être la cuisinière.

La domestique, occupée à nettoyer vigoureusement un poêlon sur la pierre d'évier, lui tournait son dos voûté. Célèbre dans tout le quartier, elle l'était autant pour sa cuisine que pour son mauvais caractère. Trois hivers auparavant, elle avait frappé un soir à l'imprimerie, munie d'un maigre baluchon dans lequel étaient serrés quelques hardes, une lettre de recommandation et un livre de cuisine. Petite, maigre, noiraude de figure, elle s'était enfermée une bonne heure avec Violaine Amelot, puis, tout bonnement, avait pris ses quartiers dans la famille.

Depuis ce temps, elle régnait sans partage sur le ménage : les fournisseurs avaient peu à peu conçu pour cette « figue sèche », comme disait Nicole, un respect mêlé de crainte. Elle discutait de tout, du prix des denrées, toujours trop élevé, de la fraîcheur des produits, souvent douteuse, et n'admettait aucune remarque sur l'excellence de ses plats ou la tenue de la maison. Le père Amelot lui-même, pourtant nanti d'un caractère bien trempé, supportait sans broncher les humeurs d'Ursule. Judith avait mis du temps à comprendre que les parfums qui s'exhalaient du potager[1] étaient une arme dont la domestique usait sans vergogne : maître Amelot était gourmand, et pour sauvegarder les trésors que cette terrible mégère parvenait à confectionner, il était prêt à accepter beaucoup de choses… Oui, vraiment, elle était pire que malcommode, et Judith aurait payé cher pour la troquer contre l'une de ces femmes bonasses et au large giron qui font en général office de servante.

La jeune fille toussota pour attirer l'attention de la matrone des lieux et Ursule se tourna d'un bloc, l'œil menaçant.

– Si c'est pour le souper, c'est pas prêt.

– Non, Ursule, je voulais juste te demander…

– Et si tu veux un bouche-trou, t'attendras !

Un *bouche-trou*, c'était un « en-cas ». Ursule avait une manière très personnelle de traiter la langue française. Cela amusait Judith, surtout lorsque la cuisinière usait de son jargon pour clouer le bec du malheureux qui

1. Grande cuisinière à plusieurs foyers.

avait osé la contredire. Pour toute réponse, la jeune fille brandit sa main en direction de la cuisinière, qui fit un saut en arrière.

– Crénom de crénom, c'est la main droite du diable ! ulula-t-elle, épouvantée.

– Mais non, c'est de l'encre, quelqu'un a mis une boulette dans la poche de ma pèlerine, et voilà le résultat !

– De l'encre ? C'est pire que du jus de chique !

– Ben justement, comme tu chiques, je me suis dit que... tenta Judith, voyant une ouverture.

– Ah oui, je chique, et heureusement encore ! Et ça, je ne sais pas comment on l'enlève, t'as qu'à demander aux malpropres de la cour, ils vont te le dire, eux.

Les « malpropres de la cour », c'était les ouvriers imprimeurs. Ils étaient le cauchemar d'Ursule, qui les enveloppait, comme tout le genre masculin, dans l'exécration qu'elle vouait à son félon de mari.

Judith contempla un instant la cuisinière qui gesticulait et dont l'ustensile fendait l'air de droite et de gauche, à la manière d'un balancier d'horloge affolé.

– Ursule, reprit-elle en adoucissant sa voix, tu sais bien que je ne peux pas le leur demander, ils riraient bien trop de me voir avec une main comme ça !

– Ah, ouiche ! Faut bien t'en faire une oraison, tous les hommes, ils rient toujours quand ils voient une femme dans le pétrin !

Le poêlon en prenait pour son grade, secoué par une Ursule en rage. L'*oraison* de la cuisinière, c'était la « raison » de ceux qui ne malmenaient pas la langue. Judith avait appris peu à peu à traduire simultanément les fautes d'Ursule, d'autant plus fréquentes qu'elle était énervée. La femme finit par poser son poêlon, puis se retourna pour regarder de nouveau la main de la jeune fille. Elle trottina jusqu'au placard, en sortit une fiole, qu'elle renifla avant de la tendre à Judith.

– Bon, t'as qu'à monter ça, c'est du vinaigre de sureau, tu te baignes les mains dedans, et puis tu frottes avec du gros sel. Ça part à tous les coups, et ils seront bien attrapés, les malpropres du fond.

– Merci, Ursule, tu me sauves la mise !

– Faut toujours s'entraider quand y' a des hommes dans le coup !

Judith ne releva pas cette dernière remarque et fila dans sa chambre pour se laver les mains. Ursule n'était pas toujours facile, mais quand on savait la prendre…

CHAPITRE III

1ᵉʳ février 1759

LA LUTTE AVAIT ÉTÉ RUDE, mais les conseils d'Ursule avaient porté leurs fruits. Judith avait passé une partie de l'après-midi de la veille à nettoyer sa main, avant de la glisser dans un gant de lin imbibé d'huile d'amande pour l'adoucir. Ses parents étant de sortie, elle avait soupé rapidement avec ses sœurs et Adrien, et s'était couchée bien vite afin de lire des feuilles alléchantes trouvées parmi les épreuves défectueuses de l'imprimerie. Passionnée par sa lecture, elle avait dû précipitamment éteindre sa lampe à huile lorsque ses parents étaient rentrés de leur soirée théâtrale. Il s'agissait d'un roman d'amour dont un certain Vigerie était le héros. Si sa mère l'avait surprise en train de lire ce genre d'ouvrage…

Ce jour était donc nouveau, elle avait les mains propres, ou presque ! Toute guillerette, Judith descendit deux par deux les marches de l'escalier. Au premier étage, dans le cabinet de travail de son père, la discussion semblait gaie et elle risqua un œil dans la pièce. Celle-ci avait retrouvé son désordre habituel, ce qui ne manqua pas de faire soupirer la jeune fille. Elle identifia immédiatement l'interlocuteur de son père : même de dos, sa posture et sa tignasse blond cendré, ainsi que les gestes dont il ponctuait ses discours, ne pouvaient appartenir qu'à un seul garçon, un sympathique bourreau des cœurs qu'au fil des ans elle avait un peu assimilé au frère qui lui manquait. Elle ouvrit en grand la porte.

– Alors, tombeur de ces dames, on navigue dans mon quartier ?

Le blondin se retourna vivement. Son visage aux traits puissants, encadré par des mèches folles couleur paille, était le reflet exact de sa personnalité : un mouvement permanent entre la malice et la séduction. L'amour viscéral que Loriot portait aux femmes lui était bien rendu, à ce qu'en savait Judith.

– Judith ! Ah, n' me parle pas des dames, c'est mon péché mignon, mon rayon de miel dans c' monde de brutes épaisses ! Que veux-tu, j'aime qu'on m'aime… rétorqua le jeune homme, en accompagnant son discours de force clins d'œil.

Loriot s'arrêta net lorsqu'il sentit que le père de son

amie fronçait les sourcils. Balthazar Amelot avait certes les idées larges, mais elles se rétrécissaient brutalement lorsqu'il s'agissait de la vertu de ses filles. Le jeune homme enchaîna donc, avec une aisance due à l'habitude – la carrière de séducteur n'allait pas sans dangers –, sur les motifs de sa visite. Travaillant depuis quelques années au Jardin du roi, il se trouvait ici pour prendre possession d'un ouvrage commandé par son maître, Georges Louis Leclerc de Buffon, célèbre naturaliste dont les livres avaient provoqué des cabales auxquelles lui-même s'était autrefois trouvé mêlé[1]. Le jeune homme demanda des nouvelles de toute la famille, glissa quelques anecdotes relatives à son travail et annonça le proche mariage de Pierre et d'Édeline, amis qu'il avait en commun avec Judith. Les jeunes gens échangeaient de savoureux potins lorsque la porte du cabinet s'ouvrit à nouveau. L'homme qui se tenait dans l'embrasure semblait occuper, chapeau compris, toute la largeur disponible.

Le père Amelot se leva d'un bond. Un auteur, bon ou mauvais, décidé à faire imprimer ses ouvrages chez lui méritait bien quelques grâces, a fortiori lorsqu'il n'était pas famélique et ne réclamait pas d'argent pour son manuscrit.

1. Voir *Le singe de Buffon*, aux éditions Nathan.

– Monsieur Bec de Quatreterre ! C'est un plaisir de vous voir !

– Plaisir partagé, mon cher Amelot, et ce d'autant plus que j'ai ouï dire que la composition de mon ouvrage avance !

– Cher monsieur, depuis que le censeur nous a informés de l'approbation tacite[1] qu'il accordait à votre titre, nous n'avons pas perdu une minute.

– J'aime à vous l'entendre dire !

L'homme, qui ne devait guère être âgé de plus d'une vingtaine d'années, portait beau, et était vêtu avec autant de recherche que d'élégance.

Tandis que Loriot regardait, bouche bée, ce concurrent sérieux en matière de jupons, Judith, instinctivement, cacha sa main encore légèrement ombrée dans son dos et se recula pour mieux examiner le nouveau venu. Souriant à l'un, plaisantant avec l'autre, glissant un compliment sous un bon mot, il était doté d'un charme étonnant. Était-ce le bleu outremer de ses yeux, son regard mobile et rieur ? Ou bien encore les gestes gracieux qui soulignaient chacune de ses paroles ?

---

1. Autorisation d'imprimer un ouvrage, après examen par un ou plusieurs censeurs. Cette permission est délivrée par la direction de la Librairie, l'administration royale chargée d'encadrer l'édition et le commerce du livre dans le royaume.

Lorsque le libraire lui demanda des nouvelles de ses possessions lointaines, il se lança dans une description à la fois drôle et haute en couleur des îles exotiques qui l'avaient vu naître.

En l'écoutant, Judith se souvint du jugement de son père, qui en évoquant l'auteur avait eu cette formule sibylline : « Un planteur de coton qui se pique de philosophie. Philosophe mineur, mais romancier de talent. » Si l'homme avait une distinction et un tour bien parisiens, il fallait y ajouter un accent intriguant, une chaleur inconnue dans le geste et dans les yeux. Il s'exprimait avec une rare aisance, sachant faire sonner de simples propos comme des alexandrins et les sertir de mots fleurant le grand large et l'aventure, comme « alizé », « boucaniers » ou « magnolia ».

Ainsi, Judith avait enfin devant elle le fameux auteur des *Lettres du palétuvier*, ce roman dont elle avait la veille récupéré quelques épreuves défectueuses à l'atelier ! Dès les premières lignes, elle avait embarqué avec Vigerie, fringant lieutenant de la garde, à bord de ce vaisseau qui arrivait à l'île de la Martinique, et s'était désolée de n'avoir sous la main que les deux premiers chapitres, la suite du manuscrit étant encore probablement à composer.

Alors qu'elle se plaisait au souvenir de ces mots qui avaient enflammé son imagination, l'auteur,

Antoine de Quatreterre, s'approcha pour lui adresser un compliment :

– Voilà donc Judith, la plus belle composition de notre ami Amelot ! Plût au ciel que je ne sois pas un Holopherne[1], jeune beauté, vous auriez tôt fait de me tourner la tête pour éventuellement me la trancher ! Je ne vous ai jusqu'ici qu'aperçue, rien qu'une ombre, et cette ombre m'avait permis de vous imaginer... Oh, mais vous avez au coin de l'œil une mouche naturelle[2] pour laquelle bien des dames de la Cour se laisseraient damner ! N'est-ce pas, Vianney, qu'elle est ravissante ? ajouta l'homme en se retournant vers le couloir.

– Cher ami, si vous daigniez enlever votre imposant couvre-chef, je pourrais peut-être profiter des attraits de cette demoiselle, répondit une voix dans son dos.

Antoine de Quatreterre s'effaça, découvrant un jeune homme sobrement vêtu. Son maintien simple et sans façon contrastait tant avec celui de son ami que Judith l'écouta se présenter avec curiosité.

– Vianney Saint-Val, poète inconnu ou presque, au service du moindre de vos désirs !

---

1. Dans l'Ancien Testament, ce général assyrien assiège la ville juive de Béthulie. La veuve Judith le séduit, l'enivre et le décapite, sauvant ainsi sa ville.

2. Une mouche naturelle est un grain de beauté ; une mouche est un petit rond de taffetas noir que les dames de la Cour se collaient sur le visage pour faire ressortir la blancheur de leur peau.

Judith, sous cette avalanche de compliments, se sentit un peu perdue. Ses amitiés masculines se résumaient à Loriot, qu'elle voyait comme un frère et qui ne lui avait jamais rien caché de ses techniques pour « harponner les dames », comme il disait. Bien qu'au fait, grâce à lui, de la réalité des relations entre les hommes et les femmes, elle n'avait jamais subi un tel assaut de galanterie. Deux hommes, là, dans le cabinet de son père, qui l'abreuvaient de compliments, c'en était presque trop ! Ce fut aussi l'avis d'Amelot père, qui interrompit brutalement cette scène qu'il jugeait à l'extrême limite de la convenance :

– Avez-vous, monsieur, de bonnes nouvelles de ce cher Diderot ? Les démêlées actuelles de l'*Encyclopédie* avec la justice me font froid dans le dos.

Quatreterre venait de se poser sur un fauteuil, sans rien perdre de sa grâce quelque peu languissante.

– J'arrive à l'instant de chez lui... Comment se porte-t-il ? (L'auteur prit la mine concentrée de celui qui se penche sur un sujet ardu.) Il m'a semblé égal à lui-même : on pourrait croire qu'il va se noyer dans les pans de sa vieille robe de chambre tellement il s'use à réfléchir. Un jour, vous verrez, il disparaîtra, aspiré par le tourbillon incessant de ses pensées !

Loriot, que ces débats n'intéressaient pas mais qui voulait percer le secret du charme de Quatreterre, incarnation de la réussite, tenta une approche timide :

– Vous connaissez donc bien M. Diderot ?

– Oui, jeune coq, puisque je collabore à l'*Encyclopédie*. Mais je connais aussi bien d'Alembert, Jaucourt... bref, une bonne partie des collaborateurs, dont j'ai la chance de faire partie ! Ils viennent d'ailleurs parfois chez moi, quai de Conti, à l'hôtel de Sillery... Oh, je ne tiens pas un salon, comme Mme de Genlis, ma grande dame de propriétaire, mais nous nous réunissons entre amis et je donne lecture de mes articles, juste quelques lignes de-ci, de-là sur la flore et la faune exotique, mais en général joliment troussées. N'est-ce pas, Vianney ?

– Vous savez ce que j'en pense, mon ami ; votre talent s'accorde mieux avec les passions de l'imagination qu'avec le froid raisonnement des philosophes. Les courtiser ne vous mènera nulle part.

– Je suis de son avis, renchérit Balthazar Amelot. Restez éloigné de ces assemblées de philosophes, ils risqueraient de gâter votre talent... et de nous valoir des ennuis à tous.

– Je ne saurais abandonner mes amis à l'heure où ils sont attaqués sur tous les fronts... riposta Quatreterre. Ah, à ce propos, j'ai joliment encorné la semaine dernière l'un de nos ennemis ! Figurez-vous un être fat, courtisan jusqu'à la moelle. Un embryon de gâte-papier en pâmoison devant les excréments de son esprit ! Ha, ha, ha ! ce théâtreux de bas étage a bien mordu la poussière ! Laissez-moi vous en faire le récit...

Judith regardait la scène, un peu interdite. Les deux jeunes gens la changeaient beaucoup des hommes qu'elle connaissait. Certes, ils étaient différents – Saint-Val, le poète, moins gai, plus austère que son ami philosophe, qui semblait vivre dans la fluidité de ses humeurs. Quatreterre portait avec lui un vent de gaieté, d'insouciance presque contradictoire avec le début de son roman, *Les Lettres du palétuvier*. Les doutes, les interrogations qu'il prêtait à Vigerie ne montraient-ils pas à quel point l'homme connaissait les sentiments humains, amour, jalousie, ambition ? Il devait y avoir chez lui des profondeurs, des gouffres même, qui se dissimulaient sous son aspect charmant. Quatreterre discutait maintenant avec animation de l'arrivée prochaine d'un certain Silhouette comme contrôleur général des finances. Même un sujet aussi sérieux devenait plaisant lorsque c'était Quatreterre qui le racontait.

Balthazar Amelot vit d'un mauvais œil le ravissement qui se peignait sur les traits de sa fille. Il se leva, se posta devant son auteur et lui empoigna le bras d'un air décidé.

– Allons donc voir la composition de votre ouvrage. Tous ces bavardages de Cour sont bien intéressants, mais je suis impatient de savoir si le format in-octavo[1] que nous avons choisi vous satisfait. N'oubliez pas que ce petit format nous permettra de vendre une édition à seulement trente sols ! Venez donc également, Saint-Val, je ne sais si un atelier de composition est prompt à déclencher le vers, mais la technique elle aussi, vous le verrez, recèle de la poésie !

Passant devant Judith, il lui intima, dans un froncement de sourcils, l'ordre de courir aider sa mère. Judith allait répliquer, mais elle comprit que son père n'était pas d'humeur à supporter la moindre remarque de sa part.

Esquissant une courte révérence, elle tenta en s'éloignant de demander à Loriot de la suivre, histoire d'échanger leurs impressions… ou plutôt pour lui faire part des siennes. Hélas, le commis de Buffon, harponné par Saint-Val qui semblait passionné par les histoires du Jardin du roi, accompagna les hommes vers l'atelier de composition, sans même lui jeter un regard. Qu'importe, elle trouverait bien une oreille compatissante en la personne de sa sœur Nicole. Esther, ce

1. Format d'édition dans lequel la feuille d'impression est pliée en huit (in-quarto : en quatre ; in-seize : en seize…).

n'était pas la peine d'y compter. Évidemment, il y avait Ursule, mais si elle était prête à tendre l'oreille lorsqu'il s'agissait d'hommes, c'était uniquement pour les accabler, certainement pas pour les admirer !

Judith était à la recherche de Nicole, quand de violents éclats de voix, venus de l'imprimerie, attirèrent son attention. Emportée par la curiosité, elle se précipita dans la cour et entra discrètement dans la salle de la presse, où avait lieu l'échauffourée. Sans prendre garde aux effluves d'urine[1] et aux vapeurs d'huile de lin qui lui irritaient les narines, elle remarqua immédiatement Chapelle, qui, rouge comme un petit-maître trop fardé, les mains sur les hanches, affichait une mine de volaille outragée. Puis son regard s'arrêta sur Poinçon et Banneau. Les deux compères ricanaient près de la presse. Avec leur tablier maculé d'encre, ils étaient presque invisibles, comme fondus dans les murs crasseux. Ce n'est qu'après coup qu'elle aperçut Adrien, accroupi sur les dalles, entièrement absorbé par une tâche minutieuse. Elle comprit alors la raison des cris qui lui étaient parvenus : le cadre de fer qui contenait les paquets de lettres soigneusement

1. La meilleure manière de décaper les balles de cuir avec lesquelles on imprégnait d'encre les caractères de plomb était d'uriner dessus.

alignés par les compositeurs pour l'impression s'était disloqué dans les mains de l'apprenti qui le portait. Cette chute avait entraîné la dispersion de milliers de caractères, que le malheureux apprenti était en train de rassembler. Une fois de plus, celui-ci se faisait vertement rabrouer.

– Mais tu te rends compte, espèce de bon à rien, de ce que tu viens de faire ! reprit Chapelle en hurlant. Une feuille entière de composition perdue par ta faute ! Tu peux dire adieu à tes jours de repos, parce qu'avant que tu aies remis tout ça en place, ce sera le Déluge !

De rage, il botta vigoureusement l'arrière-train d'Adrien. Judith se mordit les lèvres pour ne pas s'en mêler. Son père lui avait interdit d'intervenir dans la vie de l'atelier ; lui-même ne regardait que les tierces[1], laissant à Chapelle le soin d'organiser le travail et de gouverner les compagnons, prompts à s'échauffer et dangereusement solidaires.

– Bon sang, je l'avais bien dit, à M. Amelot, que tu ne valais pas une noix creuse ! Ah, c'est ta mère qui va m'entendre, la prochaine fois que je la verrai !

Le malheureux Adrien se recroquevillait de plus en plus sur le sol.

– Et comment je vais faire, moi, pour occuper les

1. Dernier jeu d'épreuves corrigées avant tirage.

pressiers pendant que les compositeurs reprendront le travail que tu traites si légèrement ? Ils vont bien chômer pendant deux jours, et c'est autant que tu leur devras !

À cette réplique, Poinçon et Banneau se mirent à grogner, et l'apprenti sembla atteindre le comble du désespoir. C'est alors que Mesliand surgit dans l'escalier qui reliait l'atelier de composition à la salle de la presse. Le tablier et le bonnet impeccables, il contrastait avec la saleté de ses camarades qui travaillaient l'encre. Du haut des quelques marches, il regarda Chapelle avec désapprobation.

– Ce n'est rien. En une nuit, je l'aurai recomposé, intervint-il.

– Vous croyez peut-être que je vais vous payer deux fois pour la même tâche ?! rugit Chapelle en se tournant vers lui.

– Ai-je seulement évoqué cette question ?

– Vous avez d'autres labeurs en cours, Mesliand, je vous le rappelle !

– Vous abusez de votre position, Chapelle !

Celui-ci en resta muet de surprise.

– Mais de quoi y' s' mêle, le Rouennais !

– Enfin, éclata Judith malgré toutes les recommandations de son père, si M. Mesliand pense que cette bévue peut être réparée cette nuit, il n'y a pas de drame !

– Mademoiselle qui fourre son nez partout, si vous ne sortez pas immédiatement, je demande mon congé, et pas plus tard que ce matin ! aboya Chapelle, au comble de la fureur.

– Mais non, mais non, vous ne pouvez pas nous quitter comme ça ! Tout cela va s'arranger ! s'écria Balthazar Amelot, ameuté lui aussi par les cris. Judith, Esther a besoin de ton aide dans le grenier pour descendre et assembler les feuilles du Perrault. Allons, dépêche-toi !

Judith obéit en maugréant. Elle rejoignit sa sœur aux étendoirs, où séchaient les feuilles imprimées les jours précédents. L'attitude de son père vis-à-vis du prote était exaspérante, et ne pouvait s'apparenter qu'à de la lâcheté ou, pis, à de la trahison. Car s'il protégeait tant Chapelle, n'était-ce pas dans le but de lui transmettre son privilège d'impression[1] ? Un terrible soupçon la saisit soudain. Et si son père ambitionnait de marier Chapelle à l'une de ses filles ? Non, réfléchit-elle, une telle union était impensable ! Ah, si leur petit frère Louis avait vécu, de telles questions ne se seraient jamais posées... Elle se souvint brutalement de la jubilation de son père lors de sa naissance. Avec ses

1. Devenir imprimeur nécessitait une autorisation royale difficile à obtenir, et de fait quasi réservée aux fils d'imprimeurs.

trois filles, il s'était senti maudit par les dieux, puis il y avait eu l'annonce de la nouvelle grossesse de leur mère, l'espoir d'un héritier mâle et enfin l'arrivée tant attendue du garçon.

Pendant quelques jours, la joie avait régné sur la maison Amelot. Balthazar accumulait les projets, parlait déjà pour son fils du collège Louis-le-Grand et se réjouissait de ses futurs succès à la tête de la librairie familiale. Puis le petit Louis avait commencé à tousser, son baptême avait été précipité, et deux jours après, le prêtre de la paroisse lui avait donné l'extrême-onction. Judith, comme ses sœurs, avait pleuré la disparition de cet être chétif. Souvent, quand elle avait des fautes à se faire pardonner, c'est le petit ange Louis qu'elle implorait, lui, son meilleur intermédiaire au paradis. Quant à Balthazar, il s'était effondré dans un désespoir muet, puis avait semblé accepter ce coup du sort. Sur quatre enfants, trois de vivants, c'était déjà une aubaine… même si c'était des filles, avait-il dit.

À la pensée de ce « même » qu'elle n'avait jamais pu oublier, la jeune fille saisit si brutalement une feuille sur l'étendoir qu'elle faillit la déchirer.

– Judith, un peu de douceur, voyons, la tança gentiment Esther. Charles Perrault ne t'a rien fait.

Loin d'être calmée, Judith regarda son aînée avec

agacement. Esther prenait les choses avec un détachement qui la faisait souvent bondir. En voilà une qui ne s'indignerait jamais de ne pas pouvoir hériter de la librairie ou de l'imprimerie juste parce qu'elle était une fille ! Plus fort encore, on aurait dit qu'elle se moquait de se voir interdire l'apprentissage du seul fait de son sexe ! Peut-être même serait-elle prête, pour faire plaisir à leur père et assurer la succession, à épouser le premier venu choisi par Balthazar Amelot !

L'aptitude à la résignation d'Esther était une source d'incompréhension inépuisable pour sa cadette. Elle avait tant changé, ces dernières années ! Bien sûr, Esther avait toujours été, dans leur enfance, une fillette sage et attentive qui faisait consciencieusement ses prières, donnait sa part de gâteau aux autres et passait son tour d'escarpolette pour être aimable… Mais pour Judith, elle avait surtout été une sœur rieuse et complice qui n'hésitait pas à la suivre dans ses facéties. Comme si elle avait reconnu que sa part d'enfance, c'était Judith qui la détenait…

Qu'elles s'étaient ainsi amusées à affoler Charlotte, leur ancienne servante, en se cachant derrière les fiacres, à se moquer de leur précepteur en faisant force grimaces dans son dos, ou à sauter le petit ruisseau, chez la tante Irène, à Bagnolet, quitte à revenir trempées et à subir les remontrances de leur mère ! Et puis il y avait eu ensuite cette période exaltée, où Esther voulait sauver la terre entière de la misère, persuadant Judith de ramener avec elle des enfants pouilleux des Halles pour les laver et les nourrir, avant que ceux-ci ne s'enfuient, effrayés mais ravis de l'aubaine, de toute la vitesse que leur permettaient leurs petits mollets nus.

Après cette période de grande activité, plus rien. Esther, depuis quelque temps, ne sortait guère plus, observant en toute situation une attitude douce, réservée, pondérée, et semblant toujours satisfaite de son sort. Cela exaspérait Judith, qui se demandait comment sa sœur pouvait camoufler sa véritable nature, celle – elle en était sûre – d'un être dont la sensibilité était quasi maladive : preuve en était la couleur changeante de ses yeux, reflet des sursauts d'une âme tourmentée par ses élans intérieurs.

Non, décidément, le comportement d'Esther était indéchiffrable, et les deux sœurs étaient maintenant trop différentes pour s'entendre. D'ailleurs, cela faisait longtemps qu'elles ne se faisaient plus de confidences.

Après avoir empilé toutes les feuilles, les deux jeunes filles descendirent dans la salle d'assemblage, à l'arrière de la librairie, et les plièrent en quatre pour former des paquets. Enfin, leur travail achevé, Judith se leva en disant :

– Je vais voir à l'atelier si Adrien peut nous donner un coup de main pour porter tout cela chez le relieur. Ces in-quarto sont diablement lourds à manier.

– Ne te dérange pas, j'y vais, répondit vivement Esther.

Judith la regarda avec étonnement. Esther évitait en général de se rendre dans la salle de la presse, qu'elle trouvait bruyante, sale et malodorante. Elle n'était manifestement pas sensible à la magie des lieux, qui, dans les ahanements des ouvriers, faisait d'une feuille vierge une élégie douloureuse ou un pamphlet moqueur.

– Il est préférable de ne pas verser d'huile sur le feu, ajouta l'aînée.

Judith la remercia d'un regard. Non seulement Esther avait, contrairement à ce qu'elle pensait, suivi l'altercation survenue en salle de la presse, mais, chose peu courante, elle ne lui avait pas fait la morale. Dans un élan de reconnaissance, Judith serra contre elle sa sœur – souvent stricte, parfois un peu insaisissable, mais toujours généreuse.

Le souper des Amelot fut assombri par le nouveau récit de l'exécution publique du livre d'Helvétius, que fit Judith pour sa mère. Elle sembla plonger Violaine Amelot dans des abîmes de réflexion, tandis qu'Esther restait silencieuse, comme indifférente. La petite voix guillerette de Nicole, encore trop jeune pour mesurer la gravité de cet événement, ne parvint pas à dérider l'atmosphère. En l'absence de Balthazar Amelot, menacé d'une rupture de papier et parti négocier un stock chez son grossiste, et d'Adrien, occupé à réparer les conséquences de sa maladresse, Judith se laissa envahir par la fatigue d'une journée bien remplie. Dès sa tourte au lard avalée, elle demanda la permission de monter se coucher.

Le sommeil fut long à venir. Judith n'était pas d'une complexion nerveuse, aussi les événements avaient-ils en général peu de prise sur son sommeil. Pourtant, ce soir-là, les pensées tournaient dans sa tête sans qu'elle pût un seul instant les arrêter. Des pensées ou des images ? Elle voyait des livres brûler et les flammes s'élever, hautes et crépitantes, au point d'en sentir la fournaise jusque dans son lit. Puis ce fut le visage de Quatreterre, ses traits modelés par l'intelligence, la vivacité de son regard glissant sur elle, et c'était maintenant la douceur de ses compliments qui l'envahissait. Comme il était plaisant de savoir qu'elle le reverrait bientôt…

Judith, amollie par ces douces sensations, se renfonça dans la tiédeur de sa couche et remonta le drap de lin jusqu'à son nez. Elle allait sombrer dans le sommeil, lorsqu'une nouvelle image surgit à son esprit : les *Contes* de Charles Perrault, dont elle avait assemblé les pages avec Esther quelques heures plus tôt. Quelle était déjà la moralité du *Petit Chaperon rouge* ? Les dernières phrases revinrent à son esprit :

Je dis le Loup, car tous les Loups
Ne sont pas de la même sorte ;
Il en est d'une humeur accorte,
Sans bruit, sans fiel et sans courroux,
Qui privés, complaisants et doux,
Suivent les jeunes Demoiselles
Jusque dans les maisons, jusque dans les ruelles ;
Mais hélas ! qui ne sait que ces Loups doucereux,
De tous les Loups sont les plus dangereux.

L'avertissement de Perrault était clair et Judith, qui considérait que les conseils des livres valaient bien ceux des êtres, décida qu'elle en tiendrait compte. Quels que fussent les mérites d'un homme, il fallait tenir ses distances. Éprouvant encore une fois le pouvoir apaisant de la littérature, Judith sombra cette fois doucement dans le sommeil.

CHAPITRE IV

2 février 1759

L'AUBE ÉTAIT DÉJÀ LEVÉE. Nicole regarda sa sœur étalée sur son lit et, pouffant à l'avance, glissa adroitement l'extrémité de l'une de ses nattes dans la narine de sa sœur. Rien ne la faisait plus rire que de voir Judith pincer le nez, puis se le frotter avec la main avant de se réveiller dans un éternuement violent. Ce matin-là n'échapperait pas à la coutume. L'un des bons côtés des grandes sœurs, c'était justement de pouvoir les ennuyer quand elles étaient sans défense. Avec Esther, c'était différent : elle se fâchait peu, mais était rarement prête à se livrer à des parties de cache-tampon ou autres délices. Judith grandissait, mais les yeux experts de Nicole décelaient encore chez cette sœur-là l'enfant prêt à ressurgir.

Au moment où elle s'apprêtait à chatouiller de nouveau son aînée, celle-ci bondit de son lit armée d'un oreiller qu'elle écrasa sans ménagement sur la tête de la petite.

– Alors, vermine, dit Judith, tu me croyais endormie ?

Un borborygme sourd lui répondit. La jeune fille s'installa à califourchon sur sa benjamine.

– Je ne t'entends pas, tu cherches à me dire quelque chose ? Articule, Ninite !

À force de soubresauts, Nicole réussit à se dégager de l'étreinte de Judith. Hors d'haleine, elle hurla à la tromperie.

– Tu m'as empaumée, tu m'as laissé croire que tu dormais ! dit-elle d'un ton accusateur.

– Oui, et alors ? rétorqua Judith, un brin narquoise.

– C'est pas du jeu !

– Cesse de pleurnicher et va donc me préparer un bol de lait chaud !

– Et pourquoi pas du cacao, tant que tu y es ??? Tu rêves, je ne suis pas à ton service, ton bol, t'iras te le chercher toute seule !

Sur cette réplique, Nicole, sa longue chemise balayant le sol, s'enfuit vers la cuisine. Judith se laissa retomber sur son oreiller en riant. Ninite devenait franchement drôle, elle ne manquait pas de repartie…

Alors qu'elle s'apprêtait à se rouler en boule pour rêvasser, une pensée la fit bondir. Le jour qui venait de se lever était celui de la Chandeleur ! Pas question de rater la procession !

En un tour de main, Judith ramassa ses nattes, les attacha et les recouvrit d'un bonnet finement brodé. Puis elle se débarbouilla tout en enfilant une robe. Heureusement que la mode était revenue à ces habits qui se boutonnaient par-devant... Elle s'attarda un instant devant le miroir pour contempler son visage : un front haut, des pommettes marquées, un menton volontaire et deux grands yeux noirs avec au coin d'un œil ce grain de beauté que Quatreterre avait appelé une « mouche naturelle ». L'ensemble était plaisant, mais rien à voir avec ces héroïnes blondes, pâles et évanescentes qui peuplaient les romans... Elle loucha, puis tira la langue dans une affreuse grimace. De toute façon, c'était bien elle, Judith Amelot, et il fallait faire avec ce visage ! Soudain, elle entendit la voix de son père qui l'appelait dans l'escalier :

– Judith, es-tu là ?

– Oui, père, répondit-elle en apparaissant sur le seuil.

– Ah, je vois que tu es prête ! remarqua Balthazar Amelot d'un ton satisfait. C'est parfait, je t'emmène avec moi à Versailles. Un riche collectionneur qui songe à se défaire d'une partie de ses livres m'a convoqué pour me montrer ses exemplaires. Je pense que cela t'intéressera.

En un quart de seconde, la jeune fille calcula que cette visite à Versailles prendrait la journée et l'empêcherait de participer à la procession ! Sa bouche s'ouvrit dans un mouvement de protestation, mais se referma aussi sec. Elle ne pouvait pas se plaindre d'être exclue de la formation au métier d'imprimeur-libraire et refuser toute chance d'en apprendre plus ! Elle fit un sourire gracieux en disant :

– Je suis à vous, Monsieur !

Balthazar Amelot avait profité du fiacre que l'un de ses confrères envoyait à Versailles livrer une commande pour faire le voyage. Comme toujours lorsqu'il se retrouvait seul avec sa fille, il usa de ce temps pour lui expliquer les arcanes de son métier. Il avait cette fois décidé de lui parler de l'*Encyclopédie* et de ses auteurs, ces tenants de la raison qui déclenchaient au moins autant d'enthousiasme que de fureur.

– Tu sais, Judith, les esprits se sont tant échauffés autour de l'*Encyclopédie* que les coups pleuvent aujourd'hui de toutes parts.

Judith suivait toujours avec passion les explications

de son père, mais elle dut cette fois avouer son incompréhension.

– J'ai du mal à comprendre pourquoi ce livre déchaîne tant de passion !

Balthazar Amelot se redressa sur son siège.

– Il faut imaginer que cette œuvre menée par les plus grands philosophes du siècle, comme Diderot ou Voltaire, disserte sur des questions touchant à l'ordre du monde, et notamment sur la religion… Nécessairement, reprit-il après un moment, elle remet en cause tous les principes sur lesquels notre monarchie s'appuie. C'est pourquoi les dévots s'acharnent depuis plusieurs années sur elle : accusations de plagiat, d'hérésie, de conspiration, appels au roi, au pape, tout aura été essayé…

– Les dévots… vous voulez parler de ces personnes qui passent leur vie en prières ?

– Non, pas seulement. On emploie aussi ce mot pour qualifier les catholiques qui refusent toute discussion sur les textes sacrés. Membres du clergé ou du Parlement, jésuites ou jansénistes, ils sont fort influents à la Cour.

La discussion se poursuivit entre le père et la fille. Judith aimait ces moments privilégiés, tant elle avait la sensation que son père s'adressait à elle comme à une adulte, capable de saisir le monde qui l'entourait.

Il lui semblait alors qu'il oubliait qu'elle n'était qu'une fille. Même si certaines choses lui échappaient, elle était fière de la confiance qu'il lui accordait.

Le cheval trottait maintenant rapidement le long de cette immense avenue rectiligne qui aboutissait au château de Versailles. De chaque côté, Judith pouvait admirer de magnifiques hôtels particuliers, plus luxueux les uns que les autres. C'était beaucoup plus amusant de voyager ainsi que dans un carabas[1] ! Judith était déjà allée dans la ville royale par ce moyen de transport. Pendant les trois heures qu'avait duré le déplacement, elle s'était retrouvée dans une voiture bondée, coincée entre deux solliciteurs aux mains chatouilleuses et face à une vieille bigote qui ne retenait pas toujours ses réflexions. À cette occasion, elle avait vu la place d'Armes, les grilles dorées qui entouraient le château, et admiré le toit de la chapelle royale. Aussi, quand le cocher tourna devant le château et que son père lui signala toutes ces merveilles, elle prit un air un peu blasé qui ne manqua pas de lui attirer une réflexion.

– Tu te comportes comme une douairière qui a déjà tout connu !

– C'est mieux que de se comporter comme une oie

1. Char à banc, grande voiture à cheval.

blanche qui découvre le monde, vous ne pensez pas ?

Balthazar Amelot soupira. Non mais ! Quel caractère, celle-là… Toujours une impertinence en réserve. Ce n'était pas faute de tenter de lui faire acquérir des bonnes manières… D'ailleurs, elle les avait, les bonnes manières, mais ce n'était pas chez elle une seconde nature.

– À propos d'oie, ferme donc ton bec, et garde ta fougue pour la bibliothèque que nous allons découvrir. Elle appartient à un personnage important : le valet de chambre du Dauphin. Il est porté sur la littérature et s'est même essayé à l'écriture, sans grand succès semble-t-il. Dans tous les cas, en matière d'édition, il est bien placé pour ratisser les belles pièces. Tu n'y connais pas encore grand-chose, mais tu as un bon œil. Alors si c'était un effet de ta bonté, je voudrais que tu te taises et que tu regardes. Nous parlerons après.

– Oui, père.

– Heureux de t'entendre te taire, si je puis m'exprimer ainsi.

Une secousse plus brutale que les autres indiqua que le fiacre était arrivé à destination. Le cocher les déposa obligeamment dans la rue Neuve-Notre-Dame, juste à l'arrière de l'église du même nom.

– Bon, allons-y, dit le libraire en ajustant son roquelaure.

L'appartement du collectionneur était situé au premier niveau, à l'étage noble. Plus on montait dans ces étages, moins les plafonds étaient hauts et le dernier niveau n'offrait en général que des soupentes destinées aux domestiques ou aux gens sans condition. Un valet leur ouvrit et, après qu'ils eurent décliné leur identité, les emmena sans un mot dans une grande pièce aux murs couverts de hauts placards finement ouvragés. Le père Amelot contint à grand-peine un sifflement d'admiration. Les moulures de chaque placard brillaient d'un éclat sourd, dorées à la feuille d'or sur une couche de garance. Sur les rayonnages, on pouvait dénombrer au bas mot six mille livres, de quoi occuper une vie entièrement consacrée à la lecture.

C'était, sans conteste, une magnifique bibliothèque, digne d'un amateur plus qu'éclairé. Les exemplaires, rangés dans des placards rayonnés dont les portes évidées étaient recouvertes de fin grillage, semblaient classés par genre. Sans même voir les titres des ouvrages, le libraire devinait derrière ces dos armoriés des trésors d'édition. Des tablettes discrètement glissées au premier tiers de chaque élément permettaient de consulter les ouvrages sans les abîmer. Non seulement le contenu de la bibliothèque était rare, mais en plus son propriétaire avait pris le soin d'aménager confortablement la pièce, en disposant des sièges près des tablettes et des bougeoirs appropriés à la lecture. Une grande table au centre avait été conçue tant pour lire que pour travailler.

Tandis que l'imprimeur et sa fille regardaient ce somptueux décor, le propriétaire entra dans les lieux discrètement. Il contempla les deux silhouettes perdues dans leur contemplation, puis toussota pour annoncer sa présence. Père et fille se retournèrent d'un seul bloc.

– Blaise Armand de Morderant, le propriétaire des lieux. La famille Amelot, je ne me trompe pas ?

La voix était basse, bien étudiée, avec une curieuse prononciation des *a*, proche des *o*, qui suggéra à Judith une origine picarde, comme l'une des cousines de sa mère. L'homme s'avança vers le centre de la pièce, sans quitter du regard ses deux invités. Il se déplaçait lentement, semblant attentif à ne pas déranger l'élégante ligne de ses luxueux vêtements.

– Merci d'être venus de Paris pour voir les quelques exemplaires que je souhaitais soumettre à votre expertise.

– Monsieur, c'est à moi de vous remercier de nous avoir conviés dans votre bibliothèque, répondit Balthazar Amelot, l'œil encore allumé par les merveilles imprimées qu'il n'avait fait que pressentir. C'est une véritable splendeur…

– Oui, je vous l'accorde. Une partie me vient de ma famille, mais j'ai moi-même procédé à beaucoup d'achats. Tenez, par exemple, que pensez-vous de ceci ?

Le maître des lieux, tout en parlant, se dirigea vers l'une des bibliothèques, qu'il ouvrit à l'aide d'une petite clef sortie d'une poche de sa culotte. Il tira une tablette pour y déposer un lourd volume in-quarto. Tout occupé à commenter avec son père les différents aspects de l'édition qu'il avait en main, M. de Morderant n'accordait aucune attention à Judith, qui se livra à une discrète observation de leur hôte. Mince, élégamment vêtu d'une culotte en poult-de-soie qui tranchait avec le ton gris tourterelle de son gilet brodé, il se mouvait en silence dans la pièce, se contentant de plier et de déplier les lorgnons qu'il approchait de ses yeux légèrement enfoncés. Sa tenue mettait en valeur les rouleaux délicatement poudrés de sa perruque à la brigadière. Il maniait avec douceur les reliures, les sortait de leur rangement en les faisant glisser, conscient de la fragilité des cuirs. Cet homme respectait l'objet qu'était le livre, mais la jeune fille se demanda si ce n'était pas l'un de ces collectionneurs maniaques qui ne connaissent de leurs acquisitions que le prix ou la rareté.

– Admirez la beauté de ce Virgile, dit-il à Amelot en ouvrant avec une extrême délicatesse un nouveau spécimen de sa bibliothèque. Éprouvez la douceur du papier… et l'originalité des caractères ! Cet exemplaire, qui m'est arrivé de Londres, en dit long sur les avancées de vos confrères d'outre-Manche.

– Tudieu ! ne put retenir le libraire. Quel ouvrage remarquable ! Ce papier est tout simplement d'une régularité exceptionnelle ! Et cette typographie ! Quelle finesse de l'œil[1] ! s'extasia encore Balthazar Amelot, penché au-dessus de la tablette. Cela vient d'Angleterre ? Leurs inventions, je vous le dis, sont de nature à révolutionner notre métier !

À cet instant, le propriétaire se tourna vers Judith.

– Vous êtes bien silencieuse, jeune fille ?

– Oui, il est vrai que les livres m'intéressent plus par leur contenu que par leur habillage.

Balthazar Amelot leva les yeux au ciel et bénit le droit qui l'empêchait de transmettre sa librairie à sa fille. Avec une insensée pareille, la ruine était certaine, et ce d'autant plus que ce n'était pas le respect du client qui semblait l'étouffer. M. de Morderant ne sembla pas pour autant se formaliser. Il se mordit la lèvre inférieure en un mouvement involontaire, puis fixa ses yeux sombres sur son invitée, comme s'il cherchait dans le visage de celle-ci une confirmation.

---

1. Partie du caractère qui est en relief et qui imprime.

– Les textes vous intéressent… donc les auteurs aussi, j'imagine ?

Il y avait comme une fêlure dans sa voix. Judith, surprise que sa remarque suscitât cette question chez un homme qui aurait sans grand mal pu l'ignorer, acquiesça en silence. Après quelques secondes, le valet de chambre du Dauphin esquissa un sourire, puis sortit une autre clef de sa poche.

– Venez donc regarder ceci, je vous prie.

Ouvrant une autre armoire, située au centre des rayonnages, il sortit avec respect un ouvrage et le posa délicatement sur la tablette.

– Cela vous dit-il quelque chose ?

Dès les premiers mots, Judith reconnut le texte. C'était les premières lignes des *Essais* de Montaigne, un livre qu'elle avait lu l'an dernier sans y comprendre grand-chose. Le français vieilli qu'utilisait son auteur l'avait rebutée, mais elle avait senti comme une proximité, une magie, presque la voix d'un homme qui donnait la recette du bonheur. Elle s'était promis que ce livre serait réservé à son âge mur, pressentant qu'il fallait avoir un peu vécu pour le comprendre. Elle allait parler, lorsqu'un griffonnage dans la marge attira son attention. Elle se pencha vers le texte et déchiffra quelques mots. Elle leva alors les yeux vers le propriétaire de l'ouvrage et dit d'une voix émue :

– C'est un exemplaire annoté de la main de l'auteur, n'est-ce pas ?

– Exactement, répondit le collectionneur. Je vois que vous y êtes sensible. Mais votre jeune âge vous gêne sans doute pour goûter toute la valeur de Montaigne, un vrai penseur et qui, parce qu'il l'était, ne souhaitait pas se parer d'un titre trop flatteur... Rien à voir avec les soi-disant philosophes de notre époque et leurs sottes impertinences ! Au lieu de réfléchir à ce qui est bon pour la société, ils théorisent sa perte !

Le ton était étonnement vindicatif et Judith comprit que son interlocuteur était tout sauf un ami de Diderot. Elle se rappela soudain la remarque de son père au sujet de la carrière littéraire avortée de leur hôte. L'homme resta un instant plongé dans la contemplation du texte qu'il avait sous les yeux. Puis, sans un mot, il referma l'ouvrage d'un claquement sec, le rangea et remisa la clef du placard. D'un ton presque cinglant, il prononça quelques phrases qui ressemblaient fortement à un congé. Balthazar Amelot, bien qu'ayant envie de parler de cet exemplaire de Montaigne, une rareté qui devait valoir son pesant d'or, comprit qu'il fallait quitter les lieux sans tarder et remercia M. de Morderant pour son accueil.

Quelques instants plus tard, le père et la fille sortaient à la recherche d'une voiture qui pût les ramener chez eux. Le libraire connaissait bien la ville, et il se dirigea vers la taverne de Pierre Frichot, *La Petite Sirène*, qui se tenait en haut de la rue Neuve-Notre-Dame. Son calcul était bon, puisqu'il conclut rapidement son affaire avec l'un des cochers qui rentraient vers Paris.

Le voyage de retour fut assez silencieux. La voiture était d'un confort exécrable, accusant le moindre cahot et prenant l'air de toutes parts. Il n'y avait pas même une chaufferette pour éviter de se congeler les pieds ! Judith, transie, se blottit contre son père, qui, indifférent à ces détails, griffonnait des notes sur son carnet. Tout en écrivant, il marmonnait des propos peu compréhensibles sur Baskerville, cet imprimeur anglais qui avait édité le Virgile, et sur les typographies en usage.

Judith, livrée à elle-même, tenta de tirer des conclusions de ce rendez-vous. Les hommes étaient décidément des bêtes étranges. Pourquoi ce Morderant les avait-il conviés à Versailles ? Après l'épisode des *Essais*, il n'avait plus été question de vendre quoi que ce soit, et cela n'avait pas même eu l'air d'affecter son père, tout à sa nouvelle découverte d'imprimeur. Sans doute une de ces ficelles du métier, dont il parlait souvent et qui lui restaient étrangères. Elle, ce qu'elle avait vu, c'était un exemplaire annoté de la main de

Montaigne, et au fond, cela suffisait à son bonheur de lectrice, le propriétaire de l'ouvrage fût-il glissant comme une couleuvre. Elle laissa son regard errer sur la campagne environnante, puis, lassée de ces bois qui se succédaient, fouilla dans son réticule à la recherche d'un petit exemplaire de Marivaux que son père avait imprimé à son intention, à l'occasion de son quinzième anniversaire. Un ouvrage minuscule, format in-seize, qui dépassait à peine la largeur de sa paume. Après quelques répliques, le monde qui l'entourait s'effaça et elle oublia l'inconfort du voyage.

En arrivant en bas de la rue Saint-Jacques, leur fiacre fut arrêté par un attroupement formé autour d'un carrosse. Amelot paya la course et descendit dans l'obscurité, suivi de sa fille qui venait de ranger son petit livre. Ils se mêlèrent à la populace houleuse qui injuriait le cocher du carrosse.

– Carogne ! criait la foule.

– Savate de tripière ! vociférait le cocher.

– Cul crotté !

– Gueuse ! Drôlesse !

Le cocher, tout en hurlant des imprécations, menaçait de sa chambrière[1] un homme qui retenait ses

1. Long fouet utilisé en attelage.

chevaux contre son gré. Les cris éclairèrent Judith : les montures avaient frôlé un porteur d'eau, renversant ses seaux et éclaboussant les passants, un vendeur d'épices et une bonnetière chargée de sa marchandise. D'où l'indignation et le rassemblement quasi immédiat sur les lieux de l'incident. Balthazar Amelot hâta le pas en faisant signe à sa fille de se dépêcher. Ces scènes, fréquentes sur le pavé parisien, tournaient parfois à l'émeute, et il fallait se garder de prendre un mauvais coup.

Judith poussa un soupir de soulagement en voyant la librairie bien éclairée par des bougeoirs allumés à l'intérieur. Son père, toujours à l'affût de ce qui pouvait augmenter tant ses affaires que sa notoriété, avait fait récemment ôter les lourds panneaux de bois qui entouraient la porte. À la surprise de la famille, on avait vu alors de grandes fenêtres apparaître, inondant de lumière les comptoirs cirés. « Une folie ! » s'était exclamée sa mère, stupéfaite devant ce qu'elle considérait comme une dépense inutile, voire ostentatoire. « Chère, juste un éclair de génie pour le commerce ! » avait rétorqué Balthazar Amelot.

Dès que la jeune fille eut poussé la porte de la boutique, elle courut faire sécher ses bas humides à la chaleur du gros poêle. Un peu lasse, elle s'assit sur un tabouret. En découvrant Esther derrière le comptoir, elle se retint de lui raconter la visite de la bibliothèque. Même si sa sœur aînée était peu intéressée par les affaires de la librairie, elle ne pouvait que ressentir de l'aigreur à la vue de la préférence du père pour la cadette.

– Mère a demandé de l'aide en cuisine, dit simplement Esther, sans montrer aucune forme de contrariété.

Judith, au mot de « cuisine », se rappela que c'était le jour de la Chandeleur et, à la pensée des bonnes crêpes qui l'attendaient, sauta sur ses pieds. Avant de sortir, elle jeta un dernier coup d'œil sur le visage de sa sœur. Il y flottait une grande douceur, comme si Esther était ailleurs. « Non seulement elle ne paraît pas m'en vouloir, mais on dirait qu'elle est presque heureuse de rester là », pensa la cadette, un peu déconcertée.

La soirée fut gaie. Nicole, le visage encore illuminé, raconta devant ses sœurs, soudainement frôlées par un reste d'enfance, la beauté de la procession, les cierges bénis à l'église Saint-Séverin, puis précautionneusement ramenés dans les foyers. Balthazar Amelot écoutait, un sourire indulgent aux lèvres. Il cautionnait peu ces pratiques religieuses et expliquait volontiers, en l'absence de sa femme, que la philosophie du siècle enterrerait bientôt tout cela. Mais la lumière qui brillait dans les yeux de sa benjamine suffisait à le faire taire. Judith interrompit le récit de sa petite sœur :

– Bon, mais le cierge, il ne s'est pas éteint le temps que tu rentres ?

– Ben non, tu parles si j'ai fait attention !

Ursule, qui se tenait un peu en retrait, confirma d'un signe de tête. Pour rien au monde elle n'aurait failli à ce rite. Le cierge béni, ramené allumé de l'église, protégeait à coup sûr la maison pendant l'année à venir, et elle aurait assommé d'un coup de poêlon le sot qui aurait tenté de la contredire ! D'ailleurs, c'était bien connu, en cas d'orage, il suffisait d'allumer ce fameux cierge pour éloigner la foudre…

La pâte, préparée en fin de matinée, embaumait toute la cuisine. Balthazar Amelot se leva pour suivre la tradition : devant les yeux ravis de ses filles, il fit sauter la première crêpe tout en tenant un louis d'or dans une main, afin que la famille connût la prospérité. Même Violaine Amelot, qui trouvait que toute cette mise en scène était bien loin des préceptes évangéliques, suivit des yeux la virevolte de la crêpe pour sourire à son atterrissage parfait au fond du poêlon. Esther ne put s'empêcher d'applaudir, et Judith retrouva avec étonnement la sœur de jadis lorsque son aînée empoigna trois pommes pour jongler avec adresse. Nicole, bouche bée, le menton barbouillé de miel, en oublia la confiture sèche qu'elle suçotait consciencieusement. Leur mère tenta bien de donner un peu de tenue à cette soirée en rappelant la proximité du mercredi des Cendres, qui marquait l'entrée en carême, mais Balthazar faucha l'herbe sous le pied de sa femme en suggérant une sortie familiale pour les défilés costumés du mardi gras.

Ce repas de Chandeleur resterait longtemps marqué d'une pierre blanche dans la mémoire de Judith, comme un moment heureux où elle avait senti, mieux que jamais, la chaleur et la force des liens familiaux.

Lorsqu'elle monta se coucher, il lui fallut, avec l'aide d'Esther, porter Nicole gavée de crêpes et de sucreries. Tout en pestant contre son poids, les deux aînées crurent s'étrangler de rire en s'acquittant de leur tâche. La petite pesait lourd, mais en plus elle marmonnait, protestant qu'il restait encore des crêpes à finir. Lorsque enfin elle fut couchée, il s'échappa de son lit un ronflement si sonore que les deux sœurs sortirent de la pièce pour rire à leur aise.

Les questionnements de ces derniers jours semblaient s'être envolés. Judith s'endormit le sourire aux lèvres, la tête pleine de rires partagés, savourant, dans l'ignorance des menaces qui s'accumulaient, ce moment suspendu dans le temps, quelque part entre l'enfance et l'âge adulte.

CHAPITRE V

3 février 1759

L'HOMME ATTENDAIT, seul dans son cabinet de travail. Un discret grattement à la porte lui fit tourner la tête. D'une voix feutrée, il donna l'ordre d'entrer. Le visiteur entra, et à la question que lui posa son hôte, il se contenta de hocher affirmativement la tête. Une bourse changea alors de main, et tandis que le visiteur glissait silencieusement vers la porte, il s'entendit interpeller :

– C'est pour quand ?

– Cette nuit.

– C'est bien. Il nous faut faire vite. Le temps presse.

L'homme ferma les yeux tandis qu'un bref sourire se formait sur ses lèvres. Les choses se déroulaient comme il le souhaitait.

Il se leva et admira dans la glace l'ordonnancement de sa coiffure. Tout était en place.

4 février 1759

Des cris et des martèlements sourds provenant de la rue réveillèrent brutalement Judith. Elle maugréa et tira la courtepointe pour se rendormir, lorsqu'elle entendit une voix grave crier : « Lieutenance de police, ouvrez la porte ! » La jeune fille, le cœur battant, bondit hors de sa couche et se pencha à l'extérieur. Trois étages plus bas, un groupe d'hommes était massé devant la porte de la librairie. La lueur incertaine de la lanterne de la rue ne permettait pas d'en savoir plus. Dans les maisons voisines, des fenêtres s'ouvrirent en grinçant et des têtes firent leur apparition. Esther la rejoignit alors, aussi affolée qu'elle.

– Mon Dieu, que se passe-t-il ?!

– On dirait que c'est la police !

– Qu'est-ce qu'elle veut ?

Toutes deux se regardèrent avec inquiétude. À cet instant, la porte s'ouvrit, et les hommes s'engouffrèrent dans la boutique.

– Habillons-nous, souffla Judith.

– Oui, mais sans bruit, pour que Nicole ne se rende compte de rien, ajouta Esther.

Dans une quasi-obscurité, Judith s'enveloppa d'une robe d'intérieur, puis elle précéda sa sœur dans l'escalier. En arrivant dans la librairie, elle glissa sur une feuille et elle serait tombée sans la main secourable d'Esther. À l'exclamation qu'elle poussa, trois hommes se retournèrent vers les jeunes filles. Celui qui tenait une torche la leva pour éclairer les nouvelles venues, et la lumière permit à Judith de découvrir l'habit bleu à veste blanche des soldats du guet.

– Que faites-vous dans notre librairie ? demanda Judith, en essayant de dominer le tremblement de sa voix, et sans pouvoir détacher ses yeux des fusils des soldats.

– Mon chef vous le dira mieux que moi, ma petite dame.

– Mais...

Elle fut interrompue par la voix de son père, qui conversait avec quelqu'un dans le couloir qui menait à l'imprimerie. Les jeunes filles reculèrent dans l'ombre de la pièce.

– Voyons, monsieur l'officier, vous savez bien que je ne fais pas partie de ces imprimeurs qui maronnent[1] !

– Monsieur Amelot, il ne sert à rien de discuter.

1. Impriment des ouvrages interdits par la censure.

Je vous répète que j'agis sur lettre de cachet[1]. J'ai pour mission de vous emmener à Vincennes dans les plus brefs délais.

– Montrez-moi cette lettre, je vous prie…

Il dut avoir gain de cause, car un court silence s'ensuivit avant qu'il ne lise, d'une voix où perçait la stupéfaction :

– « De par le roi, Sa Majesté ordonne au sieur Balthazar Amelot qu'aussitôt que le présent ordre lui sera notifié il suive son porteur à la forteresse de Vincennes, où il sera reçu en vertu de la lettre que Sa Majesté écrit au gouverneur de cette place, lui faisant très expresse défense d'en sortir jusqu'à nouvel ordre de Sa Majesté »… Je n'y entends rien, s'exclama Balthazar Amelot, je suis en excellent terme avec M. de Malesherbes, le directeur de la Librairie ! Faites-le prévenir, il vous confirmera qu'il s'agit d'une erreur !

– Monsieur, vous discutez un ordre du roi !

Les deux hommes entrèrent dans la librairie. L'officier du guet qui accompagnait Amelot le poussait fermement vers l'avant, sans prêter garde aux

1. Lettre au sceau du roi, contenant un ordre d'emprisonnement ou d'exil sans jugement.

récriminations de l'imprimeur. Celui-ci comprit que ses efforts pour fléchir son interlocuteur étaient vains, et il haussa la voix :

– Votre métier, monsieur, est d'arrêter les malhonnêtes, non de faire obstacle au commerce du livre !

– Monsieur, hâtez-vous et cessez de discuter. Un mot de plus et vous me mettrez dans l'obligation de vous emmener de force !

Esther ne put retenir un cri de peur et le libraire découvrit ses filles, droites et immobiles dans le noir, pareilles à deux fantômes.

– Esther, Judith ! N'ayez pas d'inquiétude, mes filles, allez rassurer votre mère. Ce ne peut être qu'un malentendu, je serai bientôt de retour.

Déjà, Balthazar Amelot revêtait son roquelaure. Judith hésita, et au lieu de reculer vers l'escalier, comme Esther, elle se glissa vers la porte d'entrée, de sorte qu'elle put, fugitivement, saisir et embrasser la main de son père qui sortait, escorté des quatre policiers. Le maître imprimeur lui jeta alors un regard qui la saisit, un regard de défi où la fermeté avait pris le pas sur la tendresse paternelle. Sur ce message muet, la porte se referma. Elle s'y adossa, emplie de stupeur. Son père avait été emmené à Vincennes ! Elle ne connaissait pas le donjon, mais en avait vu des gravures, et un cortège d'images défila sous ses yeux – les hautes murailles de la forteresse et les geôles obscures et humides où croupissaient des condamnés minés par des fièvres putrides. Les larmes lui montèrent aux yeux et elle se jeta dans les bras d'Esther qui s'était avancée à ses côtés. Elles se serrèrent un instant l'une contre l'autre, comme des chiots d'une même portée. Puis Judith se détacha de sa sœur et lui dit, la voix déformée par le chagrin :

– Une lettre de cachet, Esther, il a parlé d'une lettre de cachet ! Mais qu'est-ce que cela signifie ?

Esther se passa les mains sur le visage, puis répondit en hésitant :

– Je n'en sais pas plus que ce que nous venons d'entendre : c'est un ordre émanant directement du roi.

– Du roi ? Mais, Esther, qu'est-ce que le roi pourrait vouloir à père ? Il ne le connaît même pas !

– Oui, c'est vrai, mais c'est bien ce qu'ils ont dit, non ? Écoute, le mieux, c'est d'obéir et d'en parler à mère, je ne suis pas sûre que père l'ait réveillée lorsque les gardes sont arrivés.

Les deux sœurs gravirent l'escalier et se dirigèrent vers la chambre de leur mère. Comment celle-ci, qui dormait au deuxième étage, sous la chambre de ses filles, pouvait-elle ne pas avoir entendu le vacarme fait dans la rue par les policiers ? Toute à ses pensées,

Judith entra sans frapper, et courut dans la pénombre vers la masse sombre du lit. Il était vide ! Soudain, elle retint un cri. Elle venait d'apercevoir la blancheur des cheveux tirés en chignon et du col en dentelle de sa mère, qui gisait sur le tapis couvrant le carreau de la chambre.

Judith et Esther se précipitèrent et l'attrapèrent par les bras pour la relever. C'est alors qu'elles comprirent que leur mère était en proie à des convulsions. Esther, plus habituée que Judith à ces crises nerveuses, lui intima l'ordre de courir à la cuisine chercher la décoction de fleur d'oranger. La jeune fille descendit quatre à quatre l'escalier pour attraper le flacon et remonta aussi vite. Dans sa course, elle faillit heurter Nicole, les yeux encore embués de sommeil.

– File te coucher, Ninite, c'est pas le moment de prendre froid, je te raconterai demain.

La petite hocha la tête, bâilla à s'en décrocher la mâchoire et retourna aussitôt dans son lit. Il semblait inutile à Judith de troubler davantage l'ordre familial : le jour qui pointait s'en chargerait bien assez tôt.

Esther avait allumé les chandeliers et allongé leur mère. Tout en lui baignant les tempes avec un linge, elle ne cessait de lui parler. Elle prit la liqueur que lui tendait Judith, en versa quelques gouttes dans un verre d'eau, et demanda à sa jeune sœur de l'aider à faire boire la malade. Le remède fit rapidement effet et une calme respiration succéda au souffle saccadé dû à la crise nerveuse.

– Laissons-la, dit Esther. Il lui faut du repos, elle n'est pas en état de nous entendre.

– Crois-tu qu'il faudrait appeler le médecin ? s'enquit Judith, la voix tendue.

– Non, mère est sujette à ce genre de manifestation. Dans quelques heures, elle se sentira mieux. Laissons-la se reposer.

Les deux sœurs quittèrent la chambre. Esther ferma la porte et se retourna alors vers sa cadette.

– Judith, je sais comment m'occuper des malades, mais d'une imprimerie ! Qu'allons-nous faire sans père ? C'est terrible !

Judith ferma les yeux quelques instants. L'irruption de la police, le départ de leur père sous escorte, leur mère en convulsions… Le monde autour d'elle s'effondrait dans un chaos indescriptible. Le libraire disparu, elle prenait conscience de sa faiblesse et de la vulnérabilité de sa famille. Elle aurait voulu apercevoir, dans ce déluge, un rocher auquel s'agripper, mais elle ne voyait nulle part où se tourner.

– Ce qu'on va faire ? Mais je n'en sais rien, Esther. Tout cela est incompréhensible…

Mues par la volonté commune de trouver un peu de chaleur humaine, elles descendirent sans se consulter vers la cuisine, où Ursule les accueillit avec un hochement de tête qui se voulait compatissant. Sans un mot, elle déposa devant les jeunes filles une tasse de lait bouillant, puis s'accorda la même boisson, qu'elle agrémenta du contenu brun d'une bouteille qu'elle sortit de sous l'évier. Le silence s'installa dans la cuisine, seulement troublé par le bruit des tasses sur le bois de la table. Après un moment de silence, Judith dit, d'une voix fantomatique :

– Je vais aller au Châtelet quérir des renseignements. Je trouverai bien un magistrat ou un avocat pour m'indiquer s'il existe des recours possibles ! Pendant ce temps, Esther, tu t'occuperas de mère et de Nicole.

L'aînée acquiesça et elles allaient se séparer quand on tambourina à la porte de l'appartement familial. Les deux sœurs se regardèrent avec un air paniqué.

– Encore ! gémit Esther.

– Monsieur Amelot, vous êtes présent ? s'écria une voix.

– C'est Chapelle, dit Judith avec soulagement. Allons voir.

Elles ouvrirent la porte qui donnait sur la cour de l'imprimerie. Chapelle était là, accompagné de Mesliand.

– Ah, c'est vous. C'est que je devais voir le maître.

– Mon père… a été convoqué au Châtelet pour une affaire urgente.

– Ah…

Chapelle regarda Judith avec une mine soupçonneuse.

– C'était pour lui, alors, la police ?

– On ne sait rien de plus.

– Qu'est-ce qu'on fait, nous ? On débauche ?

Judith jeta un coup d'œil à sa sœur, puis lança, en essayant de paraître désinvolte :

– Non, bien sûr. Il va sûrement rentrer très vite. Vous aurez des nouvelles avant le soir.

Les deux ouvriers se retirèrent et les filles remontèrent dans leur chambre. Judith repoussa la tentation de ne choisir que des vêtements sombres, en accord avec la noirceur de son humeur. Puis elle refit ses nattes, se couvrit la tête d'un bonnet assez strict qui, espérait-elle, la vieillirait un peu et sortit en direction du Grand Châtelet[1].

Elle s'enfonça avec appréhension dans le cœur de la forteresse. Ici, elle le savait, la justice se rendait dans la douleur, et c'était les tenailles du bourreau qui

---

1. Cette forteresse était située sur l'actuelle place du Châtelet. Siège de la juridiction royale de Paris, c'était également une prison.

extorquaient les aveux des inculpés... Les yeux brouillés par les larmes, elle avançait au jugé dans les couloirs, guettant une mine avenante ou un pas nonchalant pour tenter d'en savoir plus sur le sort de son père. Mais nul, dans ce lieu, ne semblait traîner. À plusieurs reprises, elle fut poliment mais fermement éconduite par des avocats trop pressés pour prêter une oreille à ses soucis. Ses démarches auprès de magistrats ne furent pas plus fructueuses. Finalement, après une longue errance dans le dédale du bâtiment, elle poussa une porte et se trouva soudain dans la rue, comme si ce monstrueux organisme l'avait définitivement expulsée de ses entrailles.

Épuisée, elle s'assit sur une marche d'un perron. Sans doute son air hagard suscitait-il la pitié, car un huissier aux tempes blanchies se pencha vers elle et lui dit d'une voix amène :

– Ma jolie, il ne faut pas rester comme ça en plein vent ! Il n'y a pas de misère qui mérite que vous preniez le risque d'une congestion.

Encouragée par son regard attentif, Judith lui raconta l'arrestation aussi subite qu'inexpliquée de son père. Le brave homme hocha la tête d'un air triste.

– Vous perdez votre temps, ma petite demoiselle. Les lettres de cachet, c'est le fait du roi, et la juridiction de Paris ne peut rien pour vous. Allez plutôt dire une neuvaine pour votre pauvre père…

Les pires craintes de Judith se confirmaient. Elle sentit sa tête tourner et serait tombée si le brave homme ne l'avait prise par l'avant-bras et conduite à une brouette[1] qui attendait non loin.

– Il faut vite rentrer chez vous, mademoiselle, et prendre du repos. Votre adresse ?

– Rue Saint-Jacques, répondit Judith en sortant lentement de sa torpeur.

– Allez, ramenez cette malheureuse chez elle, dit le brave homme au tireur de chaise en lui remettant quelques sols.

Sur le chemin du retour, Judith revint peu à peu à elle. Découvrir qu'il n'y avait pas de recours en justice possible était un coup dur, mais pas la fin du monde. Son père ne disait-il pas que lorsque tout semblait perdu, il restait toujours une tête pour réfléchir ? Elle fit le tour en pensée des nombreuses relations du libraire. Il connaissait des auteurs en vue, des personnes influentes à la direction de la Librairie. Peut-être celles-ci sauraient-elles frapper à d'autres portes que celles de la justice ? Puis elle fut prise de

1. Carriole à deux roues tirée par un homme.

découragement. Elle avait tant entendu son père fustiger l'ingratitude des uns et des autres ! Les seuls qu'il respectait étaient son notaire, Maître Arouet, et son ami, Edmé Feuillasse, influent libraire et syndic à la chambre syndicale des Libraires et Imprimeurs... Oui, il lui faudrait consulter ce dernier. Quant aux causes de l'arrestation de son père, elles restaient des plus obscures. Comment ce bon père de famille avait-il pu contrarier le roi ? Avait-il une vie cachée ? se demanda-t-elle. Avait-il commis des fautes dans le passé ? Mais elle ne pouvait se délivrer de l'image d'un homme honnête. Définitivement, seule son activité de libraire semblait être incriminable. Il avait d'ailleurs paru soucieux, ces derniers jours, et particulièrement lors de ce long voyage en fiacre qui les avait menés à Versailles chez ce collectionneur, Blaise Armand de Morderant.

Elle tenta de se rappeler la teneur de leur conversation, comme si la clef de ses ennuis présents se trouvait dans ces quelques propos échangés sur la route. Son père, après avoir décrit l'attitude intransigeante des dévots, était revenu sur l'affaire Helvétius.

– Tu parles de l'auteur de ce livre qui a été brûlé devant moi ? avait-elle demandé.

– Oui. Helvétius a été bien imprudent de publier *De l'esprit*. On lui reproche d'écrire contre la religion.

De dire que la foi est inutile, l'existence de Dieu douteuse, la création du monde mal prouvée...

– Vraiment !? Est-ce ainsi écrit dans son livre ?

– La question n'est pas là ! Ce qui m'importe est que le livre d'Helvétius a ravivé les passions de ceux qui haïssent les philosophes...

Le libraire lui avait alors fait part de son inquiétude d'être, malgré sa prudence, pris dans la tourmente de la bataille que se livraient dévots et Encyclopédistes. Les dévots avaient gagné la dernière manche en obtenant de la justice que les sept premiers tomes de l'*Encyclopédie* repassent devant la censure. Mais, avait-il expliqué, les deux partis restaient aux aguets, à l'affût de la moindre défaillance de l'adversaire. Dans cette lutte d'influence, chacun avait ses atouts : du côté des Encyclopédistes, Mme de Pompadour, maîtresse très influente du roi, qui tentait de protéger l'œuvre en mettant en valeur ses profits financiers et la gloire acquise à l'étranger. Du côté des dévots, le Dauphin et la reine, qui voulaient l'anéantissement de cette œuvre impie.

– Vois-tu, toutes ces manœuvres de Cour ébranlent le monde de la librairie. Imagine un instant que cette condamnation entraîne l'interdiction définitive de l'*Encyclopédie* : cet ouvrage s'arrêterait au tome VII et au mot « Gythium » !

– « Gythium » ? avait-elle répété en levant le sourcil.

– Ah, ne va pas me demander ce que cela signifie ! Bride un peu ta curiosité, avant que je ne te rappelle les désastres où celle d'Ève nous a tous entraînés ! L'important n'est pas là ! Si l'*Encyclopédie* s'arrêtait, des dizaines d'auteurs se retrouveraient alors sans ressources et plusieurs imprimeurs en faillite...

Là, se souvint-elle avec honte, elle s'était de nouveau emportée :

– Mais ce n'est pas l'argent le problème, ce sont les livres !

– Voilà bien les femmes ! Mais dis-moi, à ton avis, quel est le nerf de la guerre, qu'est-ce qui fait que l'on continue à diffuser, à publier, à distribuer des écrits ? L'argent, ma toute belle, alors ne sois pas si méprisante lorsque j'évoque les soucis commerciaux de ceux qui prennent le risque d'imprimer tes chères idées !

Ainsi mouchée, elle n'avait pas osé reprendre la parole avant leur entrée dans Versailles. Son père avait-il eu raison de s'inquiéter ? Était-il victime d'une publication trop osée ? Mais s'il avait été séquestré pour ses activités de libraire, pourquoi n'était-ce pas la police du livre qui l'avait arrêté ? Non, cette conversation n'éclairait en rien les raisons de la disparition de son père. Tout cela n'avait aucun sens, et dans ce maquis touffu de questions, elle ne voyait pas la moindre trouée. Sans force, elle se laissa secouer par les cahots des pavés de Paris. Se souvenir des paroles de son père avait avivé la douleur causée par sa disparition. Elle ferma les yeux pour retenir les larmes qui menaçaient d'inonder ses joues.

La brouette la déposa au bas de la rue Saint-Jacques. Elle remercia l'homme et rentra chez elle, le pas lourd.

CHAPITRE VI

Arrivée devant la librairie, Judith en poussa la porte avec un mélange de soulagement et de crainte. Elle était heureuse de retrouver le cadre familier, bien qu'elle pressentît avec terreur que sa mère et ses sœurs allaient non seulement la harceler de questions, mais aussi se tourner vers elle pour prendre les décisions. Et que leur dirait-elle ? Elle se sentait épuisée, perdue et incapable de la moindre initiative.

Dans la boutique déserte, le poêle flambait et elle s'y réchauffa quelques instants. Soudain, elle aperçut sur le comptoir une lettre où s'inscrivait en toutes lettres « Mademoiselle Judith Amelot ». Elle s'apprêtait à l'ouvrir quand Esther apparut.

– Ah, Judith, te voilà ! Du nouveau ? lui demanda-t-elle avec un éclair d'optimisme.

La cadette fit un mouvement de dénégation de la tête.

– Père est introuvable, et je suis bonne à coucher.

Esther se tordit les mains de désespoir.

– Les ouvriers disent qu'ils ne viendront pas demain. Et mère a failli faire une rechute en entendant cela !

Il sembla à Judith que ses épaules s'affaissaient sous un fardeau plus lourd encore. La fermeture de l'imprimerie, c'était la ruine morale, et peut-être matérielle, de la famille Amelot. Mais réagir était au-dessus de ses forces.

–Tant pis, murmura-t-elle, qu'ils partent. Ce n'est pas moi qui vais les retenir… J'irai le leur dire.

Esther lui jeta un regard où une forme de déception se mêlait à l'étonnement, puis remonta s'occuper de leur mère.

La lettre l'attendait toujours sur le comptoir. Sur un beau papier, son nom s'étalait, tracé avec soin, d'une écriture ample et régulière. Le sourcil froncé, Judith fit sauter le cachet et commença à lire.

Mademoiselle,

À la vision du tumulte qui vous emporte, vous et votre famille, je ne peux résister à la tentation de vous écrire.

Mon cœur, qui vous est tout acquis, ne saurait assister à

votre désarroi sans voler à votre secours. Il m'appartient à cette heure de vous exhorter à chercher en votre propre sein le courage d'affronter les remous de l'existence. Le destin, que l'on s'épuise à blâmer, mésestime rarement les natures, et c'est vers une âme généreuse, capable de grandir dans l'épreuve, qu'il a dirigé ses flèches. Croyez, mademoiselle, que la confiance que vous accorde votre entourage est à la mesure de ce que vous pouvez accorder.

Il ne me reste qu'à vous supplier de pardonner l'audace qui m'anime et me conduit à vous livrer mes sentiments. Si je pouvais imaginer que l'effusion d'un cœur esclave de vos charmes suscite votre désapprobation, je préférerais disparaître à jamais des régions élevées que votre astre illumine. Mais je crois pouvoir me fier à la bonté de votre personne, qui plaindra plutôt qu'elle ne blâmera celui qui souffre de vous reconnaître comme son âme sœur sans avoir la possibilité de vous dévoiler son identité, et moins encore de croire à la réciprocité de ses affections.

Je ne trouve qu'en vous je ne sais quelle grâce, qui me charme toujours et jamais ne me lasse.

Votre loyal et dévoué serviteur.

La lettre n'était pas signée !

Mon Dieu, que penser de ce courrier? se dit Judith en rougissant. Sa fatigue oubliée, mais l'esprit troublé, elle prit la direction de l'atelier. Il lui fallait réfléchir en toute quiétude, et seul le grenier, où séchaient les pages imprimées, pourrait être un asile propre à calmer les battements de son cœur. Accompagnée par les vibrations de la presse, elle grimpa vivement l'escalier étroit qui montait au séchoir. L'endroit était éventé et il n'y faisait pas chaud, mais personne ne viendrait l'y déranger. Elle se cala le dos contre un ballot de chanvre, et, la tête posée sur la surface rugueuse, le regard captif du lent balancement des feuilles imprimées pendues aux fils, essaya de démêler les impressions houleuses qui l'agitaient.

Il y avait tout d'abord cette exhortation à ne pas baisser les bras, qui lui parvenait au moment précis où, anéantie par les événements et par sa solitude, elle se résignait à accepter la fermeture de l'imprimerie. Plus touchante encore était cette foi manifestée par l'inconnu qui lui écrivait. Jamais personne n'avait tenu un tel discours à son égard. Même son père, qui l'entretenait pourtant de ses affaires de libraire, ne l'avait pas investie d'une telle confiance. Son père… Elle le revit emmené par la police et se remémora le regard empli de fierté qu'il lui avait lancé. Ne lui intimait-il pas de ne pas se laisser abattre? Et ne lui avait-il pas répété assez souvent qu'elle était une Amelot, avec les qualités et les défauts que cela lui conférait ? Oui, mais que d'écueils entrevoyait-elle à poursuivre le commerce familial ! Sa connaissance de l'imprimerie était naissante. Les ouvriers difficiles à diriger. Et ce métier, surveillé par une censure pointilleuse, ne comportait-il pas mille dangers, comme en témoignait l'arrestation de son père ? Puis elle repensa au regard déçu d'Esther, et peu à peu, Judith vit, dans le chaos du paysage qui l'entourait, un chemin se dessiner. Un chemin caillouteux, abrupt, mais au bout duquel se libérait un coin de ciel azur... Ne pas accepter l'injustice, suivre les traces de son père, oui, telle était la voie. Elle n'avait peut-être que deux bras, mais elle saurait s'en servir !

Puis, pudiquement, elle effleura les sentiments exprimés dans la missive. Jamais elle n'avait reçu une telle lettre, et moins encore imaginé provoquer de tels élans et une telle noblesse de pensée. À dix-sept ans, mis à part, parfois, parmi les clients de la librairie, un jeune galant qui attirait son attention, l'amour n'était pour elle que les flots de passion dont brûlaient les romans qu'elle dérobait depuis des années sur les étagères de la librairie, malgré les interdictions répétées de sa mère. Pourtant, ceux-ci n'étaient rien au regard de la force qui émanait de cette déclaration.

Elle déplia la lettre et la relut, en s'arrêtant sur chaque mot. Elle n'aurait pu dire à quoi elle était le plus sensible – à la force des sentiments exprimés, à la profonde tendresse qui les accompagnait ou à la délicate pudeur qui les enveloppait. Peut-être n'était-ce que la simple association de ces impressions qui faisait le charme de ce courrier…

Non, il y avait plus, il y avait ce tour d'esprit par lequel chacune des inflexions du texte résonnait profondément en elle. Comme si l'auteur était doté de vertigineuses intuitions… Mais chez qui avait-elle pu susciter de semblables sentiments ? Quel homme avait vu en elle autre chose qu'une jeune fille parfois mal coiffée, souvent insouciante et plus prompte à la révolte qu'à l'obéissance ?

Il y avait tant de choses qui l'ébranlaient dans ce courrier qu'elle en était comme submergée. Une seule chose était sûre, c'est que l'appel que lui avait lancé son auteur ne serait pas vain, et que grâce à sa présence, semblable à une lumière lointaine, à une bougie brillant dans l'obscurité, elle ne lâcherait pas prise. Elle le remercia confusément à voix haute :

– Merci de me donner cette lumière, qui que vous soyez ! dit-elle en rassemblant ses jupons pour se relever.

Elle se dirigea d'un pas rapide vers l'atelier, tout en réfléchissant à ce qu'elle dirait aux ouvriers. Il lui fallait faire en sorte qu'ils comprennent que même sans Balthazar Amelot, l'imprimerie continuerait à tourner. En chemin, elle buta sur Adrien, qui sortait chargé de deux seaux.

– Adrien, pose-moi ça et viens avec moi. J'ai à te parler.

– Mais, mademoiselle Judith, c'est que Chapelle m'a demandé d'aller puiser de l'eau à la fontaine Saint-Séverin. Il n'y a plus une goutte pour tremper les feuilles.

– Tu iras plus tard. Dis aux autres de venir à la composition.

Quelques instants plus tard, Chapelle, Poinçon, Banneau, Gorgemelle, Mesliand et l'apprenti, le visage fermé, étaient réunis autour des tables des compositeurs, au premier étage de l'imprimerie. Contrairement à ce que Judith avait craint, tous se taisaient, comme respectueux de son intervention. La fille du libraire s'éclaircit la voix.

– Je pense que vous êtes tous au fait de la venue de la police chez nous ce matin ?

Personne ne broncha, signe que la nouvelle avait fait le tour de l'atelier.

– Vous savez sans doute que mon père a été emmené à Vincennes ?

– On est bien marri, mademoiselle, dit Gorgemelle de sa voix sifflante.

– Merci, monsieur Gorgemelle. L'un d'entre vous a-t-il une idée de la raison pour laquelle il a été arrêté ?

Judith avait lancé cet hameçon sans vraiment savoir pourquoi, sans doute par pur désarroi. Dans un silence qui devenait pesant, elle examina un à un les ouvriers. Chapelle la regardait le menton relevé, comme défiant, Gorgemelle, dont les plis des joues tombaient plus encore que d'habitude, avait l'air d'avoir dépassé le siècle, Poinçon mâchouillait quelque chose, Banneau faisait craquer les jointures de sa main gauche, Mesliand affichait une mine plus sombre que jamais et Adrien avait les yeux fuyants de celui qui craint une punition. En somme, aucun ne manifestait vraiment un comportement différent de celui qui était le sien en temps normal. La jeune fille soupira et reprit :

– Je l'ignore aussi mais il s'agit certainement d'une erreur. Vous connaissez assez mon père pour savoir qu'il est honnête homme.

Judith s'attendait au moins à un murmure d'approbation. Mais rien de tel ne se produisit. Le fossé qui séparait maître et ouvriers était plus large qu'elle ne le pensait.

– Je suis venue pour vous demander, en son nom,

de ne pas arrêter le travail. L'activité de l'imprimerie continue.

– C'est vous qui allez tenir la boutique ? l'interpella Chapelle. Avec quoi allez-vous nous payer ?

Le ton était agressif et Judith sentit les limites de son autorité, non pas en tant que fille, mais en tant qu'incarnation de l'autorité patronale. La puissante corporation des ouvriers de l'imprimerie était connue pour regrouper de fortes têtes, et ces membres-là ne dérogeaient pas à sa réputation. Il fallait que Judith fût prudente si elle ne voulait pas ajouter un mouvement de rébellion ouvrière aux problèmes de son père.

– Ma mère, ma sœur Esther et moi, collégialement, en attendant le retour de mon père, qui ne saurait tarder. Quant à vos émoluments, la maison est bien gérée et cela ne devrait pas poser de problèmes. J'espère que cela vous convient, monsieur Chapelle, et que vous ne mettrez pas fin à douze années de bons et loyaux services au moment où l'entreprise Amelot a le plus besoin de vos compétences.

Chapelle bougonna quelque chose d'incompréhensible qui ressemblait à un assentiment. Judith en profita :

– Messieurs, vous pouvez reprendre votre travail, asséna-t-elle pour clore la discussion.

Quand la jeune fille rentra à l'appartement familial, celui-ci était vide, mais sur la table de la salle à manger, un billet l'attendait : « Judith, nous sommes parties à l'office de Saint-Séverin. Nous serons rentrées d'ici peu. Esther. »

Elle eut un mouvement d'humeur. Du temps perdu que cela ! Le père Jérôme était un saint homme, mais dans leur cas, elles avaient moins besoin de consolation que de relations bien placées. Seules des personnes introduites en Cour ou dans les institutions de la justice pourraient savoir où exactement, et pourquoi, la police avait emmené leur mari et père ! En attendant, la librairie Amelot devait ouvrir. Fermer boutique, c'était déjà prêter le flanc à la rumeur...

Judith déverrouilla la porte, et, au prix d'efforts démesurés, retira les volets de bois qui protégeaient les grandes fenêtres. Enfin, elle rangea quelques piles de livres qui encombraient le sol et s'installa sur le tabouret.

– Certes je ne suis pas à la messe, mais je gagne mon pain à la sueur de mon front ! se réconforta-t-elle.

Elle repensa à la lettre anonyme qu'elle avait reçue. Un peu plus tôt, sous le choc de la découverte, elle avait à peine réfléchi à son auteur. N'importe qui avait pu la poser sur le comptoir pendant son absence, mais il ne pouvait s'agir que de quelqu'un qui la fréquentait de près… Autrement, comment aurait-il su aussi vite la nouvelle de l'arrestation de son père ?

Elle croisait tant d'hommes, à commencer par ceux qu'elle voyait tous les jours, les ouvriers de l'imprimerie. Elle repensa à la phrase « je préférerais disparaître à jamais des régions élevées que votre astre illumine »… Ces « régions » seraient-elles l'imprimerie ? Et l'auteur un homme de l'atelier ? Elle caressa l'idée quelques instants, puis la repoussa. Non, c'était impossible… Son correspondant avait une tout autre envergure qu'un ouvrier, même instruit comme un prote ou un compositeur. Était-ce un client qui fréquentait la librairie ? Elle n'avait pas d'autre souvenir récent que des marques d'attention polie. Mis à part cet élégant collectionneur, Blaise Armand de Morderant, qu'elle avait rencontré à Versailles et qui, bien qu'étrange, lui avait manifesté quelque intérêt. Son profil s'y prêtait bien, l'homme était un érudit, amoureux des livres… Mais non, elle rêvait, c'était un homme de Cour, croisant tous les jours des dizaines de femmes plus séduisantes qu'elle !

Un écrivain peut-être ? Mais ils étaient si nombreux à défiler dans la librairie et dans l'atelier ! Pourtant, il y avait une musicalité dans la lettre qui aurait pu faire pencher pour cette idée… La jeune fille se concentra sur la dernière phrase, au rythme si envoûtant.

Pourquoi lui semblait-elle à ce point familière ? Par curiosité, elle en dénombra les pieds. Deux fois douze. Oui, il s'agissait bien d'alexandrins... Ce devait être cela, un vers extrait d'une pièce tragique.

– *Esther* ! s'écria-t-elle soudain. C'est une tirade d'*Esther*, de Racine... Voilà quelqu'un qui connaît assez mon amour de la littérature pour glisser dans sa lettre un alexandrin !

Une idée lui vrilla alors si brusquement la tête qu'elle s'arrêta quelques secondes, comme étourdie. Quatreterre ? Il avait la culture, le charme et maniait le compliment comme personne. Il l'avait regardée d'une manière si flatteuse quand il était venu voir son père... Était-ce lui l'auteur de ce brûlant courrier ?

La jeune fille sentit de nouveau monter le trouble qui l'avait envahie lors de la première lecture de la lettre. Elle venait d'établir un parallèle entre l'amour de Vigerie pour Pamelle dans *Les Lettres du palétuvier* et celui qu'éprouverait Quatreterre pour elle, s'il était bien l'auteur de la missive. Dans les deux cas, il s'agissait d'un amour impossible entre deux personnes de conditions différentes. N'était-elle pas une simple fille de bourgeois, indigne d'un noble propriétaire terrien, fût-il des îles ? « Mon Dieu, pensa-t-elle, et si ma vie était un roman ?! » Soudain, elle se vit héroïne d'une intrigue amoureuse qui n'avait rien à envier à ses lectures les plus ardentes. Ce fut en vain qu'elle tenta de contenir son émoi. C'était donc cela l'amour ? Cette chaleur subite, ce feu qui montait aux joues sans que rien ne puisse l'arrêter ? Et cela à la lecture d'une simple lettre ? « Mais je perds la tête ! se ressaisit Judith. Voilà qui est bien beau, bien écrit… mais il n'y a personne derrière. C'est trop facile, d'écrire ce genre de lettre sans révéler son nom ! »

Malgré tout, elle avait beau se raisonner, nier la vérité de l'amour que son correspondant professait pour elle, il restait cette impression de sincérité, ce soutien si bienvenu qui l'emplissait de force et lui donnait envie de se colleter avec le monde.

C'est derrière le comptoir que la trouvèrent sa mère et ses sœurs à leur retour de Saint-Séverin. Violaine Amelot se précipita vers elle et lui prit les mains.

– Y a-t-il du nouveau, ma chérie ?

Judith hocha la tête négativement.

– Mon Dieu, dit la mère de Judith en s'affaissant sur une chaise, sans même retirer son mantelet. Qui me rendra mon Balthazar ?! Ils vont me le tuer, à Vincennes ! Quelle misère ! Le père Jérôme est toujours de bon conseil, mais tous ces soucis me rongent !

– Peut-être pourriez-vous prendre avis auprès de M. Feuillasse ? suggéra Judith. C'est un homme influent.

– Oui, oui, sans doute, répondit la femme du libraire d'un air égaré. Enfin, votre père n'a jamais eu affaire à la police, en vingt-cinq ans de librairie ! Et tout à coup, cette arrestation brutale ! Et par lettre de cachet ! Comme si mon pauvre Balthazar pouvait être l'ennemi du roi ! Oh mon Dieu, quel excès d'inquiétude ! Ma tête est comme une pâte en train de lever, elle enfle d'heure en heure ! Et l'imprimerie ? Qu'allons-nous faire en son absence ?

– Mère, j'ai parlé aux ouvriers, et ils continuent leur travail. Il n'est pas urgent de prendre d'autres décisions avant d'avoir des nouvelles précises de père. Allons, il faut vous calmer, il vous en voudrait de vous mettre dans cet état-là.

Judith, émue par l'affliction de sa mère, la prit dans ses bras et la berça quelques instants. Jamais elle ne l'avait entendue s'inquiéter ainsi pour son mari et révéler ses sentiments pour lui. Il était tellement plus fréquent qu'elle se plaignît de son désordre, de ses sorties imprévues, ou bien encore de son incapacité à tirer de plus gros bénéfices de son activité !

D'une manière générale, il avait semblé à Judith, depuis qu'elle avait l'âge de s'intéresser à ce genre de choses, que son père et sa mère pâturaient dans deux enclos mitoyens mais séparés par une barrière inamovible. Son père se passionnait pour les techniques nouvelles, les idées novatrices ; sa mère était satisfaite du cadre strict qu'une pratique régulière de la foi lui donnait. Son père avait l'affection bruyante et spontanée ; sa mère conditionnait ses marques d'affection à l'acquisition d'un savoir-faire ménager rebutant – les sommes d'efforts nécessaires pour lutter contre les taches d'humidité ou prémunir le mobilier d'une infestation par les vers avaient toujours laissé Judith pantoise. Son père, confiant en son bon sens, l'entretenait de tout ; sa mère, par méfiance de la nature humaine, hérissait sa vie d'interdictions… Et pourtant, si mal appariés que ses parents lui fussent apparus jusque-là, couple inégal en force et en aptitudes, elle faisait l'expérience en ce jour de la réalité incontestable de leur amour. Et cette découverte était comme un souffle d'air frais dans une atmosphère empuantie.

L'épouse de l'imprimeur, une fois calmée, monta se reposer tout en promettant à Judith de rendre rapidement visite à Edmé Feuillasse. Tandis que ses sœurs étaient parties au marché avec Ursule, la jeune fille, restée seule au comptoir de la librairie, ouvrit machinalement le livre journal, où étaient consignées, jour après jour, les opérations de vente de livres, d'achat de fournitures ou de frais de production. L'écriture précise et serrée du libraire l'atteignit par surprise. Ce fut comme une gifle, une prise de conscience aiguë de l'absence de son père. Un vide immense l'envahit, chassant tout rayon de soleil de son existence, et les remparts de sa volonté s'effondrèrent sous le flot de ses larmes.

CHAPITRE VII

Février 1759

PENDANT LES QUELQUES JOURS qui suivirent, Judith ne vécut que d'attente. Elle était tendue comme un arc, sursautant à chaque bruit de pas ou claquement de porte, parfois confiante, le plus souvent dans l'appréhension du pire. Sa mère rendit visite à M. Feuillasse, l'ami et confrère de Balthazar Amelot, qui l'assura de faire tout son possible, et notamment d'entrer en relation avec M. de Malesherbes, directeur de la Librairie. Mme Amelot tenta également quelques démarches auprès de la chambre syndicale des Libraires et Imprimeurs, sans résultat. Devant le terme « lettre de cachet », les portes se fermaient. Elle revenait chaque soir éplorée, et s'enfermait dans sa chambre pour de longues prières. Quelques amis libraires vinrent rendre visite à la famille. Ils étaient sans doute pleins de bonnes intentions, mais à les voir se remplir la panse de vin chaud tout en exhortant les Amelot à la patience, Judith sentait monter en elle des tourbillons de colère. La patience était sans doute la qualité dont les fées l'avaient le moins dotée.

Enfin, un billet écrit de la main même de Balthazar Amelot arriva un matin. Il les informait qu'il était toujours à la forteresse de Vincennes, cela pour une durée inconnue, mais que Violaine pouvait désormais lui rendre visite.

Les trois femmes, debout dans la salle à manger, lurent et relurent le billet tandis que Nicole courait autour d'elles en criant d'une voix aiguë : « Qu'est-ce qui se passe ? Qu'est-ce qui se passe ? »

Devant la mine irrésolue de sa mère et de son aînée, ce fut Judith qui prit la parole en premier, d'un ton aussi gai que possible :

– Voilà plutôt une bonne nouvelle ! Père est vivant, et sûrement en bonne santé, puisqu'il a pu nous écrire. Et puis, mère, vous allez le revoir bientôt !

Violaine Amelot ne partageait pas son point de vue.

– Et moi qui espérais qu'il nous annonçait sa libération ! Mon Dieu, quel malheur ! s'exclama-t-elle, désespérée. Comprends donc, Judith, ton père a été arrêté sur lettre de cachet, il peut rester jusqu'à la fin de ses jours dans une geôle, si telle est la volonté du roi ! Et nous ne pouvons rien faire pour sa défense ! Sainte Mère, quelle impuissance ! Aidez-nous !

La pauvre femme semblait proche de l'hystérie.

– Si, reprit-elle pourtant, je sais ce que je vais faire ! Je vais courir à Versailles et me jeter aux pieds du roi ! Peut-être alors aura-t-il un geste de clémence pour mon pauvre Balthazar, qui est plus innocent qu'un ange !

– Mère, vous ne pouvez aller à la Cour dans cet état. Il faut d'abord vous reposer !

Esther, tout en morigénant ainsi sa mère, l'engagea à boire un verre de lait chaud pour éviter une nouvelle attaque de nerfs. Tandis que Violaine, tremblante, buvait le liquide auquel Esther avait ajouté discrètement quelques gouttes de fleur d'oranger, Judith réfléchit à la conduite à tenir. Si leur père s'éternisait en prison, cela reposait avec acuité la question de la poursuite de l'activité de l'imprimerie. Et à cet instant, elle ne pouvait concevoir sa fermeture. On aurait dit que la tension et les hésitations des derniers jours s'étaient envolées à la vue de l'écriture paternelle.

Elle patienta, laissant sa mère reprendre quelques forces, puis aborda le sujet :

– Il faut s'organiser pour continuer à faire tourner

l'imprimerie. Si nous l'arrêtons, nous n'aurons plus de recettes pour payer nos fournisseurs et cela nous entraînera à la faillite !

Violaine Amelot, bien que visiblement impressionnée par l'argument, répondit qu'il en était hors de question.

– Je n'ai aucune des compétences de votre père, expliqua-t-elle. Et je me sens bien incapable de faire des choix éditoriaux ou de diriger les ouvriers.

– Moi, je pense que j'y parviendrai, affirma Judith, l'air crâne.

– Toi ?! Ce que tu dis est bien la preuve de ta grande jeunesse ! rétorqua sa mère.

– Je l'aiderai, dit soudain Esther, de sa voix posée.

Les trois autres la regardèrent avec stupéfaction.

– Oui, je pense que Judith a raison et qu'il est de notre devoir de continuer l'œuvre de père.

Judith n'en croyait pas ses oreilles. Esther, à l'ordinaire si peu intéressée par la vie de l'affaire familiale ! D'habitude, son père devait se battre pour qu'elle tînt à jour le livre de magasin. Quelle n'aurait pas été sa surprise de la voir ainsi résolue !

– Vous ne vous rendez pas compte, nous ne sommes pas à la hauteur ! s'écria leur mère devant la ligue des deux sœurs.

– Mère, il faut essayer ! Nous serons prudentes, et père

pourra nous donner ses instructions de Vincennes ! insista Esther.

– Votre père ne sera jamais d'accord pour prendre un tel risque ! La moindre erreur nous coûtera très cher !

– L'erreur n'est pas sûre, tandis que le manque à gagner dû à la fermeture l'est ! répliqua Judith.

Violaine Amelot soupira.

– Vous êtes insensées... De vraies petites Amelot. Demain, j'irai voir votre père, et c'est lui qui décidera. S'il vous approuve, il n'y aura plus qu'à boire le vin tiré !

Esther venait de souffler la bougie, faisant le noir dans la pièce. La respiration régulière de Nicole emplissait la chambre des filles d'une atmosphère paisible.

– C'est curieux, dit Judith à voix basse, comme on peut se tromper. Encore hier, j'étais convaincue que l'imprimerie t'ennuyait.

– Tu ne te trompais pas, répondit Esther après un silence. Fabriquer un livre ne m'intéresse pas. Tant d'efforts, de conflits, de problèmes à résoudre pour faire connaître des propos certes parfois sensés, mais aussi souvent futiles et, pis, imbus d'amour-propre... cela n'a pas de sens !

– Mais c'est la vie, Esther !

– C'est une vie, Judith, mais pas forcément la mienne. En devenant libraire, j'aurais l'impression de m'éloigner de la vérité… Non, ce monde agité n'est pas pour moi, comprends-tu ? J'aspire au recueillement, à la prière…

– Attends un peu… Ce que tu me dis, c'est que tu veux entrer au couvent ? C'est ça ?

L'absence de réponse de la jeune fille fut sa seule confirmation. Judith resta interdite, sous le choc des propos de sa sœur. Elle la savait portée depuis plusieurs mois déjà à la solitude, à la méditation. De là à ce qu'elle aspirât au couvent ! Qu'elle souhaitât vivre dans le seul amour de Dieu ! Pourtant, en y réfléchissant, il y avait une forme d'évidence dans ce choix d'Esther. Ce n'était plus l'Esther de son enfance, celle avec qui on pouvait patouiller dans la boue ou jouer au cochon pendu dans le prunier… Elle avait changé, et ce changement n'était pas seulement dû à son âge. Ne s'était-elle pas détachée peu à peu de toutes les choses matérielles ? Ne semblait-elle pas habitée, lorsqu'elle se croyait seule, par une forme de sérénité intérieure ? Oui, il fallait s'y résoudre et essayer d'accepter cette sœur qu'elle découvrait sous un nouveau jour. Le temps de l'enfance se terminait et Esther avait, avec une maturité que Judith n'était pas sûre de partager, trouvé son bonheur, qui résidait apparemment dans la grâce de Dieu.

– Mais alors, pourquoi te ranger de mon côté aujourd'hui ? demanda-t-elle enfin.

– Par amour, sœurette. Cette imprimerie, c'est toute la vie de père. Je le lui dois.

L'obscurité sembla brusquement plus profonde à Judith. La générosité de son aînée l'écrasait, elle dont les actes n'étaient jamais que réponse à ses impulsions. Soudain, elle comprit tout ce qu'elle avait à apprendre d'Esther.

- Merci, dit-elle simplement.

Le lendemain, Mme Amelot fit le voyage à Vincennes dans le coche de l'une de ses vieilles amies. Quand elle revint, à la nuit tombée, elle s'effondra sur l'ottomane du salon. Elle fut bientôt encerclée par ses aînées trépignant d'impatience. Sous ses efforts pour faire bonne contenance, on la sentait profondément bouleversée. D'une voix fatiguée, elle rapporta les impressions de sa journée. Elle avait trouvé son mari en bonne santé et plutôt optimiste malgré l'opacité régnant toujours sur son affaire. Sa cellule n'était point trop humide et il se disait bien traité, ce qui ne l'avait pas empêché de dévorer les pâtés au lièvre confectionnés par Ursule. « Une petite entorse au carême, mais je ne l'ai jamais aussi bien respecté », avait-il dit, montrant par là qu'il n'avait pas perdu le sens de la boutade.

Lorsque Judith évoqua la situation de l'imprimerie, Violaine Amelot annonça d'un ton pincé, preuve qu'elle s'était opposée à son époux sur ce sujet, qu'elle resterait ouverte. Leur père avait rédigé à leur intention une liste de consignes.

À la lecture de ce carnet de route, toutes trois décidèrent de se diviser les tâches courantes. Mme Amelot s'occuperait de la librairie et de l'intendance familiale ; Esther, du suivi des comptes et des registres, ainsi que du paiement des factures ; quant à Judith, elle prendrait en charge les relations avec les auteurs et avec les fournisseurs spécifiques à l'imprimerie, papetiers, typographes, relieurs, graveurs. Implicitement, ces responsabilités faisaient de la cadette la responsable de la bonne fabrication des livres, et donc des contacts avec le prote, Chapelle.

Devenue imprimeur par la force des choses, Judith se trouva alors entraînée dans un tourbillon dont tout ce qui n'était pas impression ou vente de livres était exclu. Négociation des prix du papier, visites d'auteurs mécontents de leur édition ou de leur distribution, courriers proposant de nouveaux titres, courses auprès des graveurs ne respectant pas les délais, réunions quotidiennes avec Chapelle concernant le choix des typographies, des papiers, des formats, l'avancée des épreuves ou des impressions définitives... Bien que soutenue par Esther et sa mère, la jeune fille, débordée, était levée dès quatre heures du matin pour ne se coucher que tard le soir.

Une fin d'après-midi, après quelques jours à ce rythme, Judith était assise dans le cabinet de travail de son père et contemplait avec découragement la pile de lettres de récriminations qu'Esther avait triées pour qu'elle en prît connaissance. Soudain, quelques coups se firent entendre à la porte.

– Entrez, dit la jeune fille.

Adrien apparut.

– Mademoiselle Judith, M. Chapelle m'a mandé de vous donner cet exemplaire de notre dernier tirage et de vous dire que les trois cents autres sont prêts à partir chez le relieur.

– Merci, Adrien, donne-moi ce paquet.

Le jeune garçon s'exécuta, puis resta sur place, la tête rentrée dans les épaules. On aurait dit un échassier scrutant l'onde dans l'attente d'une prise.

– Eh bien ? dit Judith, en admirant les boucles brunes et souples qui cachaient le visage de l'apprenti.

Adrien était à peine âgé de trois ans de moins qu'elle, pourtant, il lui semblait encore dans l'enfance. Il faut dire que, ballotté d'un atelier à l'autre, il n'avait jamais la moindre décision à prendre. Un instant, elle envia son insouciance.

– Mademoiselle, j'aimerais bien une journée pour aller chez ma vieille. Ça fait bien un mois que je l'ai pas vue…

– Tu as demandé à Chapelle ?

– Il veut pas, mais…

– Alors je ne peux pas te dire oui maintenant. Mais je vais réfléchir à ce que je peux faire pour toi, Adrien…

Le garçon fit un pas en arrière et s'arrêta de nouveau, avec la mine de celui qui n'a pas vidé son sac.

– Oui, Adrien, l'encouragea Judith.

– Je voulais vous dire, mademoiselle… À l'atelier, ils vous appellent « la mouche ». Et moi, ça me plaît pas.

– Merci, Adrien, ce n'est pas flatteur[1], mais ce n'est pas si grave.

L'apprenti sortit et Judith resta un moment songeuse. Adrien était un brave garçon. Et elle, qui depuis des mois se lamentait sur son sort, lui refusait son

1. Une mouche est, au sens figuré, un indicateur de police (aujourd'hui, un mouchard).

aide quand il la lui demandait... Oui, mais voilà, les choses avaient changé : la Judith qui butinait dans l'imprimerie n'était plus. Maintenant, la survie de sa famille et les gages de plusieurs hommes dépendaient d'elle, de sa capacité à assurer la continuité de l'activité de la librairie pendant l'absence paternelle. Elle ne pouvait, dans sa position, s'offrir le luxe d'un conflit avec Chapelle. D'autant plus que celui-ci s'était montré jusque-là étonnamment coopérant, malgré ses éclats et volées d'injures. Tout de même, s'inquiéta-t-elle, ne suis-je pas un peu rapide à enterrer mes idéaux ? Si deux semaines de commerce me changent ainsi, un an de pratique ferait de moi le pire des maîtres !

Elle fut saisie par un abattement indicible. L'auteur de la lettre anonyme, aveuglé sans doute par ses sentiments, s'était trompé. Et elle s'était trompée. La tâche était trop ardue pour elle. Elle n'arriverait à rien. On ne faisait pas sauter à un âne des obstacles dressés pour un cheval de sang. Elle resta ainsi quelques instants, comme paralysée par cette évidence. Puis ses yeux se posèrent sur la page de titre de l'ouvrage qu'elle tenait toujours en main. Soudain, son regard s'éclaira et, traversée par une onde de bonheur, elle se mit à le feuilleter avec ferveur.

– Le premier livre qui me doit le jour ! s'extasia-t-elle

à voix haute. *Les Métamorphoses*, voilà un titre de circonstance ! Je vais écrire à père pour lui dire que cette édition est prête, cela lui fera plaisir…

Toute à sa fierté, elle prit l'ouvrage et sortit à la recherche d'un témoin capable de partager sa joie. Esther était bien dans la boutique, mais penchée sur un livre de comptes avec sa mère, et Judith se garda bien de les déranger. Inutile de penser à Ursule, qui voyait dans tout livre l'œuvre du diable en personne. Elle fila donc à l'atelier, manquant dans sa hâte de trébucher dans les plis de sa robe.

Dans l'imprimerie, la seule personne présente était Gorgemelle, qui composait, debout devant son rang. Les yeux rivés sur un manuscrit, il déplaçait, d'une main vive comme l'éclair, les caractères en plomb de la casse à son composteur[1]. La vélocité avec laquelle sa grosse patte se saisissait des minuscules lettres ne manquait jamais d'éblouir Judith.

– Monsieur Gorgemelle, vous êtes tout seul ? s'étonna-t-elle.

– Les autres ont été lever le coude à *La Barrique de Narbonne*, dit-il sans lever les yeux de sa tâche. Mesliand, lui, il est parti à sa leçon d'escrime.

---

1. Sorte de réglette sur laquelle sont alignés les caractères afin de former une ligne de texte.

– Mesliand prend des leçons d'escrime ? Tiens, c'est curieux, je ne le voyais pas…

Judith ne termina pas sa phrase. Les loisirs de Mesliand lui importaient moins que ce qu'elle tenait dans ses mains. D'un ton triomphant, elle dit à Gorgemelle :

– Dites, regardez-moi ça, si ce n'est pas une belle édition ! « *Les Métamorphoses*, par Ovide, lut-elle avec une mine de sénateur. Le 13 février 1759, chez Amelot et fils, rue Saint-Jacques, près la fontaine Saint-Séverin »…

Gorgemelle, sans jeter un regard sur l'exemplaire que brandissait Judith, grogna :

– Vous êtes pas difficile.

– Comment ?

– Z'avez pas vu les pages 56 à 63 ?

– Mais non, qu'est-ce qu'elles ont ? s'inquiéta Judith en tournant vivement les feuilles de l'Ovide. (Parvenue aux pages indiquées, elle parcourut les lignes en fronçant les sourcils.) Non, je ne vois rien…

– Et ça, si c'est pas les gimblettes[1] de Mesliand, c'est que je suis bon pour l'hospice des Quinze-Vingts[2] ! Parce qu'il ne fait pas que de l'escrime, le bougre, il

1. Petite pâtisserie dure et sèche, en forme d'anneau.
2. Hôpital de Paris spécialisé dans le traitement des aveugles.

mange aussi, et pas du pain dur, je peux vous le dire !

L'index épais de Gorgemelle s'était posé sur un mot et Judith, en regardant de plus près, constata qu'effectivement l'impression des lettres pointées n'était pas uniforme.

– Mais vous avez raison, ce n'est pas beau du tout !

– C'est les miettes qui se sont collées aux lettres qu'ont fait ça, expliqua Gorgemelle.

Judith ferma brutalement le livre. Sa contrariété de ne pas avoir remarqué le défaut de l'impression était à l'échelle de son enthousiasme précédent. Son inexpérience se rappelait à elle à tout moment, dans les questions élémentaires comme dans les détails. Et dans ce métier, même les détails sont importants, se dit-elle avec dépit.

– Mesliand sait pourtant bien qu'il est interdit de manger à la composition ! Moi qui le prenais pour un ouvrier sérieux ! Et pourquoi Chapelle n'a-t-il rien dit ? Il a bien dû le remarquer, lui.

– Hé… c'est que Chapelle, sans le bourgeois, il se la coule douce.

Judith regarda le compositeur sans mot dire. Si Gorgemelle, vieille bête dans le métier, disait cela, c'est que Chapelle devait franchement abuser. Et elle qui se félicitait de son travail ! Enfin, en toute chose, il fallait voir le bon côté, et ce qu'il lui fallait retenir, c'est qu'elle avait obtenu sans même le vouloir de précieuses informations sur le travail des uns et des autres. «Je viendrai tous les jours faire mon petit tour à l'imprimerie», se jura-t-elle.

– Vous arrivez à lire ce mot, mademoiselle?

Interrompue dans ses réflexions, Judith se pencha sur le manuscrit, et déchiffra l'écriture, dont les boucles très particulières rendaient la lecture difficile:

– «épanouie telle la... corolle». Corolle, c-o-r-o-l-l-e. Sur quoi travaillez-vous donc?

– La fin du texte de M. de Quatreterre. Les premières épreuves seront finies cette semaine.

– Ah... je demanderai à M. Chapelle de me les montrer, dit-elle tout en louchant discrètement sur la page du manuscrit. L'auteur est nouveau dans la maison, et je ne voudrais point qu'il fût déçu.

La jeune fille s'éloigna lentement, en retournant l'idée qui venait de surgir dans son esprit. Comment n'y avait-elle pas pensé plus tôt! Il avait bien fallu toute la cascade des événements récents, et l'agitation de sa vie de libraire, pour qu'elle passât à côté d'un moyen aussi évident de cerner l'identité de son correspondant anonyme! Il lui suffirait de comparer l'écriture de la lettre avec celle du manuscrit des *Lettres du palétuvier* pour savoir si Quatreterre était bien l'homme qui lui avait écrit.

Pourtant, si son souvenir était exact, les deux tracés n'étaient pas identiques. Celui de la lettre donnait une idée simple et sans affectation de son auteur, alors que l'écriture du manuscrit sur lequel travaillait Gorgemelle était recherchée, presque maniérée. Mais peut-être l'aristocrate, en pensant à cette possibilité de comparaison, avait-il délibérément altéré son écriture… Elle toucha de sa main le courrier, qu'elle gardait cousue dans un pli de son jupon. Son mystérieux admirateur, où était-il en ce moment ? Et que faisait-il ? Même si elle se contentait le plus souvent de l'idée rassurante de sa présence, il lui arrivait d'être assaillie par une onde de curiosité et de piaffer en pensant que son ange gardien lui resterait peut-être inconnu.

Le lendemain, Judith convoqua Chapelle et Mesliand dans le cabinet de travail de son père. Elle avait longuement réfléchi avant d'arrêter sa conduite envers eux. Certes, la qualité de l'impression des huit pages de l'Ovide laissait à désirer, mais le défaut n'était perceptible qu'à un œil bien exercé. De plus, reprendre Chapelle sans faire de vagues était un art auquel seul son père excellait. Finalement, la pensée qu'elle tenait là une bonne occasion pour affirmer sa compétence et renforcer son autorité l'avait poussée à la confrontation. Quand elle pointa les défauts d'impression des

Métamorphoses, Mesliand demanda à voir les pages incriminées, et afficha la plus grande incompréhension quant à l'origine des imperfections. Chapelle, de son côté, sembla franchement mécontent, moins d'être pris en défaut par Judith que d'avoir laissé échapper cette erreur. Ce témoignage de son exigence et de son sérieux impressionna Judith. Pour la première fois peut-être, elle comprit pourquoi son père tenait tant à son contremaître. Enchantée de son succès, elle eut beau jeu de se montrer clémente – pour cette fois-là.

CHAPITRE VIII

8 mars 1759

JUDITH SE PENCHA par la fenêtre du cabinet de travail et regarda les hampes vert amande de la glycine, dont le tronc noueux courait le long de la façade de la librairie. Cajolée par le soleil, elle s'attarda nonchalamment dans l'embrasure. Le printemps approchait et l'air doux qui se glissait jusque dans les recoins poussiéreux des étagères était si caressant qu'il en aurait réveillé un mort… ou un des innombrables personnages de roman qui peuplaient la bibliothèque de Balthazar Amelot. Brutalement, elle ferma la croisée. Oui, le printemps était proche et cela faisait rêver. Pour autant, elle ne pouvait s'en réjouir. L'arrivée des beaux jours, la renaissance de la nature ne faisaient sentir que plus cruellement l'absence de son père. Déjà plus d'un mois qu'il était enfermé au donjon de Vincennes, sans que nul n'en sût davantage sur les motifs ou la durée de son enfermement ! Mme Amelot avait beau rapporter des nouvelles satisfaisantes de ses visites hebdomadaires, lui ne verrait pas les premières éclosions de la nature. Comme il lui manquait... Et dire que seule sa mère avait le droit de lui rendre visite ! Judith se sentit traversée par un vent de révolte, sentiment qui la prenait chaque fois qu'elle pensait à l'injustice dont était victime son père.

Les occasions de laisser vagabonder son esprit se présentaient pourtant rarement. Nuit et jour, il lui fallait travailler pour nourrir cette entreprise qu'elle s'imaginait parfois comme un monstre jamais rassasié. Et souvent mécontent, comme l'attestaient les jérémiades répétées de Chapelle. Il n'avait pas toujours tort, mais parfois, elle n'avait qu'une envie, baisser les bras devant la multitude de problèmes sur lesquels elle devait chaque jour improviser – choix de papier ou de typographie à effectuer, corrections à apporter aux éditions en cours, courriers aux clients ou aux auteurs –, et fermer boutique.

Heureusement, il y avait les lettres, qu'elle gardait sur elle comme des reliques. Les lettres, oui, parce qu'à la première s'était ajoutée une seconde, déposée tout aussi mystérieusement sur le comptoir. Également anonyme, elle était bien de la même écriture, mais son auteur n'avait pas cette fois évoqué ses sentiments amoureux :

Mademoiselle, je compte pour peu de ne m'être point trompé sur des mérites auxquels seule vous étiez aveugle. La constance dont vous faites preuve et les succès que vous rencontrez m'emplissent à tout instant d'une joie irrépressible et font mieux que combler mes espérances. Je reste, plus que jamais, votre fidèle serviteur.

La pensée de ce soutien mystérieux était un réservoir de promesses dans lequel elle savait pouvoir, le cas échéant, puiser des forces nouvelles. C'est à cette présence invisible qu'elle attribuait tous les moments de répit, tous les petits faits encourageants – un court message de son père, les éclats de rire de Nicole, les compliments d'un client, un courrier compatissant d'un auteur informé de l'arrestation du libraire...

Et puis n'y avait-il pas la lumière des visites régulières d'Antoine de Quatreterre ? Bien sûr, il ne s'agissait que d'entrevues bien normales entre un éditeur et un auteur soucieux de suivre le travail d'impression de son manuscrit. Mais son esprit raffiné, ses ambitions de philosophe associé à l'*Encyclopédie* semblaient à Judith une oasis dans un horizon aride. D'autant plus qu'elle devait avouer que ses compliments, à la hardiesse gracieusement voilée, ne la laissaient pas insensible. D'ailleurs, elle ne pouvait s'empêcher de l'associer intimement aux lettres anonymes. N'y avait-il pas une étrange concordance entre les manières galamment chevaleresques de l'auteur du roman et de celui des billets ? Il ne lui manquait plus maintenant que de trouver un moyen de comparer ces billets avec le manuscrit des *Lettres du palétuvier,* et ce sans attirer les soupçons.

Parce que s'il y avait quelqu'un à qui ses sentiments envers Quatreterre n'échappaient pas, c'était bien Nicole, qui, en tortillant ses boucles rousses, se livrait à d'excellentes imitations du gentilhomme au chapeau. Quand cela la prenait, elle poursuivait sa sœur dans toute la maison, parlant comme Quatreterre et copiant les intonations traînantes qu'il donnait aux voyelles. Judith riait, malgré son agacement, devant la clairvoyance de la benjamine. Mais pour rien au monde elle n'aurait avoué que l'élégante silhouette du jeune homme occupait, en concurrence déloyale avec le sort de son père et les tracas de l'imprimerie, une bonne part de ses pensées.

Elle se rappela avec joie que, ce jour même, elle pourrait mettre Antoine de Quatreterre au centre de ses préoccupations, puisqu'elle attendait le jeu complet des tierces de son roman. Cinq semaines pour composer un manuscrit de moins de cent pages… Un trop long délai, dirait son père, mais depuis son arrestation, tout prenait plus de temps. Elle comptait lire attentivement ces épreuves avant de convoquer l'auteur pour les lui donner en main propre. En effectuant elle-même ce travail, elle pourrait corriger quelques fautes et présenter un travail sérieux, un vrai travail d'imprimeur et pas de demoiselle de magasin ! Il en allait à ses yeux de sa réputation de libraire… et du visage qu'elle voulait présenter au gentilhomme ! Et puis se charger des épreuves offrait un autre avantage : conserver pendant quelques heures sous un motif plausible le manuscrit des *Lettres du palétuvier*, ce qu'elle n'avait pas encore réussi à faire. Enfin elle pourrait sérieusement en comparer l'écriture avec celle des lettres cousues dans son jupon.

Tandis qu'elle était ainsi absorbée par ses réflexions, Gorgemelle entra dans la pièce d'un pas pesant, et posa devant elle une liasse de papier. C'était précisément les feuilles attendues, les épreuves du livre de Quatreterre ! Il allait repartir, lorsque, feuilletant le paquet, la jeune fille lui fit remarquer d'une voix qu'elle voulut indifférente :

– Vous ne m'avez pas laissé le manuscrit.

Gorgemelle, la main sur le bouton de la porte, répondit sans se retourner :

– C'est pas l'usage.

Un instant décontenancée par l'irrévérence du compositeur, elle répliqua :

– Peut-être, monsieur Gorgemelle, mais c'est le mien.

L'homme ne bougea pas. Judith sentit la moutarde lui monter au nez. Si même Gorgemelle, le plus mesuré, le plus discipliné des ouvriers de l'atelier, se mettait à faire la forte tête, où allait-on ?

La jeune fille, s'avisant que la ruse l'avait jusqu'ici bien mieux servie que l'autorité, reprit, d'un ton presque gémissant :

– Je me suis déjà fait avoir une fois avec les gimblettes, j'aimerais ne pas passer pour une imbécile ce coup-ci. Surtout devant un auteur nouveau dans la maison. C'est pour cela que je veux avoir le manuscrit…

L'ouvrier se retourna vers la jeune fille et, pendant un instant, sembla la jauger. Judith remarqua alors que ses joues tombantes tremblaient légèrement et que leur peau, lisse et rougeâtre, était marbrée par un fin réseau de veinules violacées. Pendant ce court moment sans parole, le son rauque et haletant de la respiration de Gorgemelle s'imposa dans la pièce. Enfin, il laissa tomber d'une voix plus conciliante :

– Vous avez sans doute raison. Pour les gâteaux, fallait vraiment être aveugle pour ne pas voir... Vous avez peut-être besoin de plus de temps que nous autres. Adrien vous le montera.

– Merci, monsieur Gorgemelle, dit Judith. (Puis elle ajouta, pour faire bonne mesure :) Je ne sais pas ce que je ferais sans vous.

Sans un mot, l'homme repartit vers l'imprimerie. Judith sentit qu'elle était une fois de plus passée près de la catastrophe. Ces ouvriers étaient décidément plus difficiles à manier que des chevaux rétifs : il fallait souvent tendre la bride, parfois rendre la main, et surtout ne jamais se la laisser prendre ! Jamais elle n'aurait pensé que son père devait déployer autant d'art et d'énergie pour mener son affaire !

Adrien frappa avant d'entrer et déposa discrètement le manuscrit sur la table. La vue des deux paquets posés devant elle fit oublier à Judith ses tracas quant à l'imprimerie. Elle se frotta les mains de satisfaction, puis fourragea dans ses cheveux. Un coup d'œil dans la glace lui fit cesser ce geste : toutes ses mèches s'étaient échappées de son chignon et sa tignasse ressemblait à une peau de chèvre foudroyée par l'orage ! Toute prétention à l'élégance disparue, la jeune fille retroussa ses manches, s'installa confortablement dans le fauteuil du bureau et sortit de la nouvelle liasse la première feuille du manuscrit. À côté de celle-ci, elle disposa l'une des lettres qu'elle venait de découdre du pli de son jupon, et regarda attentivement les deux écritures. Elles n'avaient a priori rien de semblable. Judith sortit alors du tiroir de gauche du bureau la loupe de son père et commença à étudier les boucles des lettres. Non, vraiment, seuls les *s* semblaient suivre le même tracé, peut-être les points sur les *i* avaient-ils le même genre d'inclinaison... mais ce n'était pas à proprement parler une piste... Découragée, elle soupira.

Elle resta quelques instants songeuse, puis, repoussant les deux feuilles, regarda par la fenêtre. Elle avait tellement espéré trouver ainsi la confirmation que Quatreterre était l'auteur des lettres ! Elle secoua la tête, et décida de se mettre au travail : après tout, cela ne signifiait rien, peut-être que sa première intuition était la bonne et que le gentilhomme avait déguisé son écriture, ou encore que l'inspiration littéraire s'accompagnait d'une écriture particulière... Qui pouvait savoir ? Elle plaça côte à côte le manuscrit et l'ouvrage, et entama une lecture attentive.

Le grincement de la porte qui s'ouvrait la tira de son travail. Agacée de cette interruption, elle grommela vaguement pour signifier à l'importun qu'il pouvait entrer. Sans lever les yeux des feuilles imprimées, elle dit d'un ton rogue :

– Non, monsieur Gorgemelle, je n'ai pas fini !

La voix qui lui répondit la fit bondir de son siège.

– Vous êtes charmante en lectrice, mademoiselle !

Écarlate, elle leva les yeux vers son interlocuteur : Quatreterre se tenait sur le seuil de la porte, poudré à frimas. Vêtu avec élégance d'un gilet de damas finement brodé, il jouait en souriant avec les longues plumes de son chapeau. Effrayée à l'idée qu'il aperçût la lettre, elle l'enfouit au plus vite dans le tiroir du bureau. Puis, en un regard sur la glace qui lui faisait face, elle prit conscience de l'étendue des dégâts : un instant, elle se sentit misérable ainsi vêtue, entortillée dans son vieux châle, coiffée comme après un ouragan, avec un bas plissé qui lui glissait sur la jambe ! Ce tableau, à ses yeux apocalyptique, lui fit encore monter le rouge aux joues. Ce n'était manifestement pas l'avis du jeune homme, qui la regardait avec un plaisir évident.

– Décidément, vous êtes charmante, le célèbre Boucher ferait de vous une délicieuse gravure, il la nommerait... *Plaisir de lecture* ou *La Jeune Fille passionnée* !

Se rapprochant de Judith, il enchaîna sans transition, d'une voix chaude :

– Cette mouche au coin de l'œil est véritablement

délicieuse… Savez-vous qu'on la nomme l'assassine ?

– Non, je…

– Les femmes de la Cour usent de tels artifices pour mettre en valeur la blancheur de leur teint : sur le nez, on la nomme l'effrontée, à la pointe du menton, c'est la discrète, celle qui cache un bouton se nomme la voleuse, au-dessus de la paupière, c'est la passionnée…

Judith recula d'un pas, oppressée tant par les paroles que par la présence physique si proche du gentilhomme.

– Je suis désolée, je…

– Ne soyez pas désolée… Ou plutôt si, continuez, ce rouge charmant met en valeur les nuances de votre teint… Je suis venu pour affaire, dit-il en acceptant enfin de reculer. Oui, vous ne m'attendiez pas, mais j'ai pensé que mon manuscrit devait être bien avancé dans la composition, et je n'ai donc pas résisté au plaisir de passer prendre de ses nouvelles. Je n'ai pas d'enfant, mais j'imagine que l'on doit avoir du bonheur à passer ainsi les voir lorsqu'ils sont en nourrice… mais je ne savais pas que vous vous en occupiez personnellement !

Maudit soit ce rouge qui lui colorait si facilement le visage ! Judith passa une main sur ses joues enflammées, et s'entendit répondre gauchement :

– En l'absence de mon père, j'ai pris… heu… la direction, non, pas vraiment, voilà, j'essaie de faire tourner l'imprimerie, parce que…

S'installant sans façon face à la jeune fille, Quatreterre s'éventa avec les larges plumes de son chapeau.

– Oh oui, j'ai su qu'il avait eu quelques ennuis, mais rien de bien grave, n'est-ce pas ? C'est le lot des libraires, de passer un jour ou l'autre par Vincennes ! Regardez Diderot, il y a passé quelques mois et cela a beaucoup contribué à sa gloire.

La légèreté du ton la surprit. C'était sans doute la mode à la Cour, de glisser ainsi sur les ennuis de la vie. Elle protesta mollement, faisant remarquer à son interlocuteur que Diderot était un auteur et non un imprimeur. Le jeune homme balaya cette remarque d'un revers de plume, puis, montrant les feuillets qui jonchaient la table, demanda à la jeune fille d'un air gourmand :

– Alors, ce roman, qu'en pensez-vous ?

C'est avec ferveur, et toute honte disparue, qu'elle répondit dans un sourire :

– Monsieur, je viens avec vous de faire mon premier voyage aux Îles !

– J'espère que ce ne sera pas le dernier ! Avez-vous aimé les descriptions des paysages ?

– Oui, beaucoup. J'ai rêvé de vos étendues de sable et de vos arbres aux noms si extraordinaires... Mais je n'ai pas fini de lire, ne me dévoilez pas la suite, s'il vous plaît, vous gâcheriez mon plaisir de lectrice !

– Je n'en ai pas l'intention... C'est curieux, je ne vous imaginais pas si sensible, si prompte à la rêverie. Dissimuleriez-vous aux regards une âme tendre ?

Le collaborateur de l'*Encyclopédie* s'était assis et renversé sur le fauteuil situé en face du sien de la manière la plus familière. Son regard, de cajoleur, s'était fait insistant, et elle sentit de nouveau ses joues s'empourprer. Un coup frappé à la porte la dispensa de répondre à la question du gentilhomme. Mesliand, sans attendre, entra dans la pièce, suivi de Loriot. En apercevant Quatreterre, le compositeur s'arrêta aussi net qu'un chat ayant détecté un pigeon. Puis il se tourna vers Judith, le regard étincelant, avant de faire volte-face et de sortir aussitôt en refermant bruyamment la porte derrière lui. Loriot, lui, resta planté là, l'air ébahi, tandis que Quatreterre, toujours confortablement installé, levait un sourcil interrogatif.

Ce bref intermède avait permis à la jeune fille de reprendre ses esprits.

– Loriot ! M. de Quatreterre, que tu connais déjà, et moi étions en train de revoir les premières épreuves de son roman, dit-elle pour essayer de dissiper l'impression d'intimité donnée par l'attitude de l'auteur.

– Oh, mais je vois bien que j' vous dérange... répondit Loriot d'un ton où perçait la malice. J' vais filer. C'est juste que j' voulais t' répéter ce que j'avais appris de M. de Buffon. Quelque chose qui pouvait t'intéresser.

– Quoi donc ? demanda Judith, désireuse de hâter le départ de son encombrant ami.

– Elle a été interdite !

– Qui, elle ?

– L'*Encyclopédie* ! Il a dit que le privilège[1] accordé en 1746 avait été révoqué par le Conseil du roi ! Et comme je sais que maintenant t'es libraire...

– Que dites-vous ? l'interrompit Quatreterre, en se levant brutalement. C'est une fable !

Loriot se raidit, l'air offensé.

– Monsieur, je m' permettrais pas. M. de Buffon en était tout retourné lui-même. Il a dit qu'on n' pouvait plus vendre ou distribuer les sept tomes déjà parus... Allez, j' vous laisse, j'ai une course à faire. J' repasserai, dit-il à l'adresse de Judith, avec un clin d'œil.

---

1. Autorisation exclusive accordée par la direction de la Librairie d'imprimer un ouvrage, après examen par un ou plusieurs censeurs. Cette autorisation, accordée pour des durées variables, figure sur la couverture, contrairement à l'approbation tacite.

La jeune fille resta seule avec Quatreterre, qui avait changé de couleur, comme suffoqué par la nouvelle. Judith, elle aussi, accusait le coup. La scène de la lacération du livre *De l'esprit* lui revint en mémoire et elle revit en frissonnant le bourreau qui introduisait son couteau sous la couverture de l'ouvrage. Un mouvement de colère la saisit.

– Mais c'est une terrible attaque contre les philosophes ! Comment peut-on interdire un livre de ce genre ? C'est une somme de connaissances, le confluent de tous les savoirs actuels !

– Enfin, enfin, renchérit Antoine de Quatreterre, il ne faut pas perdre la tête ! Voyons, j'ai déjà écrit un magnifique article pour le huitième tome, et je ne vois pas bien ce qui pourrait m'empêcher de le publier ! J'ai le bras long et, croyez-moi, je ferai tout mon possible pour arranger cette sombre affaire !

Un peu soufflée par l'assurance du jeune homme, Judith le regarda sans répondre. L'œil menaçant, le gentilhomme allait et venait dans la pièce, un poing sur la hanche, réfléchissant tout haut aux relations qu'il pourrait intéresser pour arrêter ce qu'il qualifiait de « sombre affaire ». La jeune fille ne put s'empêcher de remarquer à quel point il restait charmant, même dans cette attitude quasi guerrière.

– Bien, il faut que je réfléchisse à comment m'y

prendre, mais cela ne va pas en rester là, je vous l'assure ! Il vous faut maintenant vous consacrer entièrement à mon roman, ma jeune amie, afin que celui-ci soit un succès et que l'on ne puisse pas dire que le camp de la raison se laisse abattre si facilement !

– Il en sera ainsi, bégaya Judith, secouée par l'humeur offensive de l'auteur. Je revois personnellement les tierces, et nos compagnons pressiers sont prêts à travailler d'arrache-pied à l'impression des mille trois cents exemplaires. Ces *Lettres* vont être un succès d'édition, car la mode des récits exotiques bat son plein et le vôtre est tout à fait dans le goût du jour. D'ailleurs, si nous n'étions pas sûrs de nous, nous n'aurions pas pris le risque de prévoir une édition de luxe en maroquin, illustrée par des gravures de Cochin.

Quatreterre sembla satisfait. Sourire aux lèvres, il se laissa aller au point d'effleurer l'épaule de la jeune fille lorsqu'elle se leva pour le raccompagner à la porte du cabinet de travail. Judith se recula instinctivement, avant de refermer la porte, et s'appuya, le cœur battant, sur le chambranle.

Elle reprit son souffle, troublée par ce geste, puis, de nouveau assise au bureau, essaya de remettre ses pensées en ordre. Elle n'avait vu Quatreterre qu'à quelques reprises et ne pouvait prétendre le connaître, mais elle devait bel et bien admettre qu'elle était sous l'emprise de cet homme. La vie paraissait tellement facile à ses côtés ! Face à l'interdiction de l'*Encyclopédie*, il réfléchissait en vrai stratège aux moyens de lutte qu'il avait à sa disposition... Et puis cette familiarité qu'il avait eue, lui effleurer l'épaule comme si elle était avec lui dans cette bataille ! C'était presque inconvenant, mais tellement agréable...

Judith peina à se replonger dans son travail, trouvant avec difficulté la concentration nécessaire à sa tâche. Ses pensées tournaient sans relâche autour du comportement de Quatreterre, pour revenir avec un effroi mêlé d'attirance sur cette main dessinant la courbe de son épaule. Et dire que toutes ces fariboles l'occupaient plus que la nouvelle fracassante de l'interdiction de l'*Encyclopédie* ! « Je ne suis qu'une de ces jeunes filles impressionnables et vaniteuses, pour lesquelles on ne peut concevoir qu'une seule ambition, leur trouver un mari qui les élève ! » pesta-t-elle intérieurement.

Voyant que son ouvrage n'avançait pas, que son esprit confus ressassait sans cesse les mêmes faits sans parvenir à y mettre un ordre, elle monta dans sa chambre et s'effondra sur son lit pour y faire un petit somme. En fait de sieste, elle s'endormit profondément, s'enfonçant dans un sommeil sans rêve où humiliations, déceptions, interrogations n'avaient pas cours. Et c'est à peine si elle sentit, ce soir-là, les mains légères qui la déshabillèrent et la bordèrent, comme au temps jadis.

***

– Les esprits s'échauffent, monsieur, et nous ne pourrons maintenir longtemps notre position. Le petit libraire a des amis qui s'agitent sans relâche.

Tête nue devant une longue table, l'homme contemplait une série de perruques. Tout en réfléchissant, il caressait de ses mains fines un nouveau modèle qui venait d'arriver de Londres. Les boucles disposées audacieusement donnaient un caractère original à l'ensemble.

– Je sais tout cela. Je n'avais pas prévu que sa fille reprendrait l'affaire. Faites encore patienter, créez un brouillard, noyez-moi tout cela. Le poison se répandra bientôt dans Paris, c'est maintenant une question de jours…

CHAPITRE IX

9 mars 1759

CE FUT NICOLE qui se chargea de la secouer sans ménagement pour la tirer de sa douce inconscience. La benjamine semblait au comble de l'excitation. Agacée par les marmonnements de sa sœur, elle finit par attraper le lourd édredon de plume, qu'elle jeta à terre. Furibonde, gelée par le courant d'air glacial qui faisait fuir son sommeil, Judith jeta un oreiller au hasard pour fermer le clapet de la petite. Peine perdue ! L'autre écureuil ne s'en laissait pas conter et bondit sur le lit.

– Mais réveille-toi, grande courge, puisque je te dis que c'est grave ! Y' en a plein les murs, et les ouvriers sont plantés devant, furieux ! Mère est assommée, Ursule glapit dans la cuisine ! On court vers l'hécatombe !

Judith se décida enfin à ouvrir les yeux. D'une voix pâteuse, elle grommela à l'adresse de sa sœur :

– On ne peut pas courir vers une hécatombe, c'est idiot, ta phrase...

Sidérée, Nicole contempla la forme blanche qui tentait encore de grappiller quelques minutes de sommeil.

– Non, mais j'y crois pas ! On a un fou qui crayonne nos murs et elle me fait un cours de grammaire ! Mais tu vas remettre tes yeux dans leurs trous et tes oreilles à leur place, oui ? Je te dis qu'il y a un échappé de Bicêtre[1] qui a écrit des choses sur les murs de la maison ! Des insultes, d'après ce que j'ai compris !

Judith se releva brusquement.

– Tu plaisantes ? C'est pour me tirer du lit, ton histoire ?

Offensée, Nicole tourna le dos, partit vers la porte, puis, la main sur la poignée, jeta à sa sœur un regard lourd de mépris.

– T'as qu'à t'habiller, grosse molle, et tu verras si je plaisante !

La porte claqua et Judith se retrouva seule dans la chambre. Elle s'habilla en un tournemain, bien

1. Hospice de Paris dans lequel étaient enfermés les hommes considérés comme fous.

décidée à rougir de sa propre paume l'arrière-train de la petite dernière si c'était encore une farce. Depuis quelques semaines, sa sœur fréquentait un peu trop les garnements d'à côté et cela n'était pas sans conséquences sur son caractère. Il n'était que trop temps qu'un précepteur lui inculquât enfin les bonnes manières. Mais pour cela, il fallait que leur père revînt...

Dès qu'elle eut descendu l'escalier, Judith comprit qu'il ne s'agissait pas d'une plaisanterie. La ruche bourdonnait, mais c'était des voix qui remplaçaient le martèlement habituel de la presse. Plantés dans la rue, devant la façade, les ouvriers de l'imprimerie Amelot discutaient ferme, entourés de quelques badauds émoustillés par le début d'attroupement. Judith sortit et le silence se fit.

Elle lut alors, écrit en grandes lettres capitales tracées au charbon, le quatrain suivant :

Hélas, tu ferais mieux de te taire
Beau rossignol au chant ravissant !
On ne t'entend pas, car Quatreterre
Pousse ses cris : Seigneur ! Des braiments !

Bouche bée, la jeune fille contemplait le mur déshonoré par l'injure. À côté d'elle, Nicole, les deux mains sur les hanches, la toisait de l'air narquois et victorieux de celui qui a finalement obtenu justice. Les ouvriers aussi attendaient, curieux de savoir comment elle allait faire face à cette nouvelle affaire. À l'intérieur de la librairie, Esther lui faisait de grands gestes circulaires dans le dos de leur mère. Évidemment, il fallait nettoyer ce quatrain au plus vite. Elle s'exhorta au calme, songeant aux multiples réflexions de son père sur ses emportements. C'est d'un ton maîtrisé à grand-peine qu'elle s'exclama :

– Cette épigramme est stupide ! Et son auteur, un mauvais plaisantin ! Qui a écrit ça ?

Gorgemelle, la mine chafouine, se détacha du groupe pour lui répondre.

– Un jaloux, sans doute… un imprimeur du quartier… ou peut-être un oiseau en mal d'amour…

Sous l'œil moqueur du compositeur, la jeune fille se sentit rougir. Ce fut Ursule qui sauva la situation. Armée d'un seau et d'une brosse, elle se planta devant le mur et lança avec hargne :

– Je sais pas c' qui y' a d'écrit, vu que l'Ursule, elle sait pas lire, mais moi, en tout cas, quand y' a d' la salure, voilà c' que j'en fais !

Joignant le geste à la parole, elle jeta le contenu de son seau sur le mur tout en défiant les ouvriers du regard. Le charbon ne résista pas au traitement, surtout lorsque Ursule empoigna avec vigueur sa brosse. En quelques secondes, les lettres avaient coulé sur le mur, formant une tache noirâtre. De l'insulte faite à l'auteur, il ne resterait bientôt plus rien, juste une sensation désagréable qui devait poursuivre Judith tout au long de la journée.

Les ouvriers rentrèrent pour reprendre leur travail, sauf Gorgemelle, qui regarda la cuisinière s'agiter, puis fixa Judith.

– Y' a pas à dire, quand le bourgeois n'est pas là, les choses vont moins bien.

Sur ce, il tourna les talons en direction de l'atelier. Judith resta seule avec Ursule, qui s'activait toujours sur la façade.

– Merci, Ursule.

– Pas la peine de dire merci, c'est tout c' qu'y avait à faire, répondit la cuisinière d'un ton rogue. Sûr que c'est un homme qu'a fait le coup.

Judith retourna dans sa chambre pour se coiffer. En montant l'escalier, elle se répétait le quatrain lu sur le mur. La mauvaise plaisanterie lui rappelait désagréablement le chiffon imbibé d'encre qui avait maculé sa main. L'insulte n'était pas grave, au fond, elle ne touchait que Quatreterre, et non la librairie. Mais qui pouvait en vouloir à ce point au gentilhomme ? Et pourquoi ? Elle percevait confusément que la pointe qui visait Quatreterre lui était aussi destinée. Le railleur avait-il frappé au hasard ? Ou avait-il appris à quel point les visites du jeune homme la troublaient ? Elle ne pouvait s'empêcher de se sentir salie. « Père, il est grand temps que vous reveniez », murmura-t-elle.

Quelques jours se déroulèrent sans nouvel incident, et Judith put croire que l'affaire était close.

Événement attendu plus que d'autres, le tirage du livre de Quatreterre fut enfin terminé, ses feuilles pliées en cahier et une partie de la production assemblée par le relieur. Violaine Amelot, aidée d'Adrien et de Nicole, constitua des piles de livres reliés, brochés ou en feuilles, selon le souhait émis par les confrères libraires ou grossistes, en attendant de les mettre sous ballot et que ceux-ci partent, protégés par le chiffre 4[1], pour les quatre coins du royaume.

Cela faisait longtemps que Judith attendait ce moment. Ce matin-là, elle était toute guillerette à l'idée d'avoir réussi à accomplir un travail d'impression digne de son père. C'est de cette humeur de pinson qu'elle entra dans la salle d'assemblage, préleva une quinzaine d'exemplaires reliés en cuir et les

1. Signe que l'on apposait sur les marchandises que l'on exposait aux risques du voyage, et qui était vraisemblablement à l'origine un signe de croix appelant la bénédiction de Dieu sur ces biens.

emporta dans la boutique, en se jurant que, foi de fille Amelot, elle ne manquerait pas d'en vendre un à la première personne qui franchirait le seuil de la librairie. Car un bon imprimeur-libraire ne se contentait pas de se mettre en quatre pour faire un bel ouvrage d'impression, il en assurait aussi la vente ! Elle posa son chargement sur le comptoir et s'installa sur le tabouret à la place d'Esther, qui monta s'occuper des factures.

Elle n'eut guère à patienter avant que la porte sur la rue ne s'ouvrît sur un client. Judith préparait son plus beau sourire, lorsqu'elle reconnut Loriot.

– Mes salutations matutinales, ma belle ! lança-t-il avec son entrain habituel. Oh, mais t'as l'air d'une humeur de harengère ! ajouta-t-il devant la mine renfrognée de son amie.

Elle éclata de rire.

– Ce n'est pas de te voir qui m'indispose ! C'est que je m'étais promis que le premier venu ne ressortirait pas d'ici sans un exemplaire de ma dernière production : *Les Lettres du palétuvier* ! J'imagine que si tu es là, c'est encore pour extorquer une recette à Ursule !

Loriot fit semblant de prendre la mouche.

– Voilà, voilà, toujours à penser que c'est le ventre qui m' gouverne ! C'est pas parce que j'ai pas reçu d'instruction que j'apprécie pas une phrase bien tournée…

mais si tu comptes sur moi pour acheter, bernique, ma belle ! J' mettrais pas un liard dans un paquet de feuilles qui peuvent même pas servir à allumer un bon feu !

– Déjà, si tu t'intéressais à autre chose qu'à la gorge des dames, ce serait un bon début, répondit Judith sur le même ton. Enfin, c'est mieux comme ça, te le vendre, ce serait donner de la confiture à un cochon.

– Eh ! C'est p' têt moi le cochon, mais c'est toi qui grognes ! Bon, dis-moi, j' voulais prendre des nouvelles de ton père, il est toujours coffré ?

La jeune fille, habituée au tour direct de son ami, ne se formalisa pas de sa question.

– Bien sûr... Tu le saurais, autrement... Maman va le voir toutes les semaines à Vincennes, elle fait le tour dans la journée. Elle lui apporte un tas de choses à manger, des choses qu'Ursule prépare spécialement pour lui, du pain blanc et les crêpes dont il raffole...

Le jeune homme prit un air de circonstance, mais sa nature ne lui permettant pas d'être triste plus de deux minutes, il affirma bientôt, en tendant le menton vers la pile des livres de Quatreterre :

– De toute façon, c'est pas pour t' vexer, mais la vie, elle est ailleurs que dans tes nids à poussière !

– Pardon, rétorqua Judith, cette fois piquée, mais ce roman est plus palpitant que la vie que tu mènes !

Il aura beaucoup de succès, j'en suis sûre. D'ailleurs, tu en connais l'auteur, c'est Bec de Quatreterre, tu sais, le collaborateur de l'*Encyclopédie*.

– Ah oui, je vois le gaillard... Il s'oublie pas, celui-là et j' suis sûr que t'es d'accord avec moi, ajouta-t-il avec une nuance ironique. C'est son genre perroquet, le cri puissant et la plume colorée, que t'aimes bien ?

– Loriot, je n'ai pas besoin de tes sarcasmes, siffla la fille du libraire, en se demandant soudain si Loriot ne pouvait pas être le petit malin qui avait écrit le quatrain sur le mur de la librairie.

Puis elle se souvint qu'il écrivait à grand-peine, en tirant la langue comme un jeune écolier.

– C'est bien, ce qu'il écrit ? reprit Loriot.

– Plutôt... Tiens, je vais te lire l'avant-propos, il est joliment tourné.

Elle attrapa le volume en haut de la pile et attaqua les premières lignes, le traditionnel hommage au lecteur. Elle jeta un coup d'œil sur son ami et enchaîna :

– « ... Le mérite d'un ouvrage se mesure à l'aune de son utilité ou de son agrément. À cet égard, nul ne pourra nier la valeur du présent recueil : son utilité est de corrompre avec art les mœurs de toute fille chaste, et son agrément, de laisser au lecteur attentif le soin de consommer les fruits délicieux de son œuvre »...

La voix de la jeune fille mourut tandis que Loriot éclatait de rire.

– C'est vrai qu' c'est joli ! s'esclaffa-t-il. En voilà un qui y va pas avec le dos d' la cuillère ! Finalement, j'aurais p'têt' des choses à apprendre dans les livres !

Judith, qui continuait sa lecture silencieuse, rougit, blanchit, et balbutia dans un murmure consterné :

– Mais qu'est-ce que c'est que ce cauchemar ? Ce n'est pas un avant-propos, c'est une incitation à la débauche !

Loriot, devant la mine atterrée de son amie, cessa de rire.

– C'est plutôt drôle, non ? demanda-t-il, histoire de détendre Judith, qui s'était pris la tête entre les mains.

– Loriot, c'est une catastrophe ! C'est incompréhensible. Ce texte a été ajouté je ne sais comment. Tu ne t'imagines pas quand même que l'on publie des choses comme ça ? C'est une monstrueuse atteinte aux bonnes mœurs ! Les lecteurs les mieux disposés riront à nos dépens, quant aux autres, ils nous jetteront le livre à la tête. Je ne te parle même pas de la censure, qui, si elle est mise au courant, va revenir sur l'autorisation accordée au titre et jeter l'auteur en prison ! Sans compter les ennuis que nous aurons, nous aussi. Non, cette édition est fichue, il faut tout reprendre… Mais qui a pu faire une atrocité pareille !

Elle se tut et resta un instant à se mordre les lèvres de nervosité, avant de reprendre :

– C'est la deuxième fois que l'on a des problèmes avec Quatreterre. Il y a eu les inscriptions sur le mur… Et ça, maintenant ! Mon Dieu ! Il faut que j'en parle à Esther ! Encore heureux que je m'en sois rendu compte avant la vente ! Esther, cria-t-elle en se précipitant au bas de l'escalier, Esther !

Si le feu avait envahi la boutique, son cri n'aurait pas été plus poignant et l'aînée descendit les marches quatre à quatre En arrivant dans la boutique, elle s'exclama :

– Judith, tu n'es pas folle de crier comme cela ?! Tu m'as fait une peur bleue ! J'ai cru qu'il y avait un drame !

– Ce n'est pas un drame… c'est une tragédie ! Lis et constate par toi-même !

Esther prit le livre que lui tendait Judith et, tout en lisant, devint rouge cramoisi.

– C'est un tissu d'ordures ! Quel est le titre de cet ouvrage ?

– *Les Lettres du palétuvier*, lâcha Judith, qui avait gagné d'un pas nerveux l'autre extrémité de la librairie.

Esther la regarda avec un air incrédule.

– Tu veux dire que c'est nous qui publions ça !! s'indigna l'aînée des filles Amelot.

– Nous ?! Enfin, tu n'imagines pas que j'ai accepté ça ?! Ou que M. de Quatreterre l'a écrit ?!

– Mais alors… ?

Sous les yeux d'un Loriot médusé, Judith retraversa la pièce en faisant claquer ses talons sur les lattes de parquet, saisit le volume incriminé et étudia minutieusement la page honteuse.

– Le texte original a été supprimé par quelqu'un qui a modifié la forme[1] entre les dernières épreuves et le tirage ! assena-t-elle finalement.

– Mais c'est absurde !

– Oui… et non. Cela donne corps à mes soupçons… Quelqu'un en veut à Quatreterre ! D'abord ce quatrain insultant sur notre mur, maintenant cet avant-propos !

La jeune fille réfléchit, puis ajouta en regardant autour d'elle d'un air inquiet, comme si elle craignait d'être entendue :

– Ce nouveau coup confirme au moins une chose, c'est que le coupable se trouve dans l'imprimerie !

– Tu veux dire qu'il y a un malfaisant dans la maison… gémit Esther.

– Oui, et pas un petit. Car la réimpression de ce texte

1. Armature en fer qui maintient ensemble les caractères d'imprimerie alignés par le compositeur.

va nous coûter cher... sans parler du coût de la reliure, qui sera à refaire. Si je le tenais, celui-là...

– ... j' lui tordrais le cou et j' le donnerais en pâture à Buffon pour qu'il l'empaille, ce coquin, et l'expose au Jardin du roi ! tenta Loriot, maintenant assis sur le comptoir – un peu ébahi par cet échange enlevé entre les deux sœurs, il essayait de reprendre la main.

Peine perdue : Esther ne lui accorda aucune attention, et c'est à Judith qu'elle dit d'un ton catastrophé :

– Le moment ne pouvait pas être plus mal choisi ! Je viens de faire les comptes, et notre trésorerie est au plus bas. Je ne vois pas comment nous financerions une réimpression...

– Celui qui persécute Quatreterre nous mènera à la ruine... laissa tomber Judith, anéantie. Mon Dieu ! Quel parti adopter ?

– Mère va en faire une syncope ! renchérit Esther.

– Ah non ! On ne lui dit rien !... Du moins pas avant d'en avoir parlé à père. Je vais me rendre à Vincennes dès demain, pour qu'il nous donne son conseil. De toute façon, cela ne fait que trop longtemps que je diffère cette visite.

– L'idée qu'un individu capable de tels actes rôde autour de nous me transit d'horreur ! reprit Esther d'un ton glacé.

– Je pourrais p'têt' vous rendre service et m'installer

ici quelque temps ! proposa Loriot, le sourire charmeur.

– La bonne idée ! Je vois bien la tête de mère ! s'exclama Judith en levant les yeux au ciel. Il vaudrait mieux que l'on trouve rapidement de qui il s'agit... Voyons, les seuls capables de modifier une forme sont Gorgemelle, Mesliand et Chapelle.

– Tu oublies Adrien, qui en sait assez en composition pour changer quelques lignes...

– Oui, tu as raison... Cela fait quatre suspects. Mais nous aurons un indice supplémentaire en regardant qui a composé les tierces – les épreuves comportent toujours la signature de l'ouvrier qui les a composées, cela lui permet d'être payé. Je vais aller voir cela tout de suite. Esther, va fermer à clef la chambre d'assemblage, pas un seul de ces exemplaires ne doit en sortir. Loriot, je compte sur toi demain matin pour vérifier avec Esther si tous les exemplaires sont véreux.

CHAPITRE X

20 mars 1759

LES HURLEMENTS et jurons incessants du cocher qui menait Judith à Vincennes l'empêchaient de se concentrer. La situation était grave : Esther lui avait avoué que deux créanciers avaient menacé de les poursuivre en justice si le libraire ne payait pas des traites venues à échéance. Or elle avait fait et refait les comptes : ils ne disposaient pas de ces sommes. La mise à néant de l'édition de luxe des *Lettres du palétuvier* était, dans ce contexte, un grave coup du sort : la reliure et la main-d'œuvre, qui avaient coûté cher, étaient perdues. Le fait d'héberger dans l'imprimerie une personne capable de telles exactions pour nuire à Quatreterre était une fragilité de plus et Judith ressentait de tout son être l'urgence de savoir qui il était.

Cela faisait quelque temps qu'elle réfléchissait à ce sujet, et, petit à petit, ses soupçons s'étaient portés sur Mesliand. Elle n'avait aucune certitude, mais trop d'indices convergeaient. Son attitude était en effet douteuse à bien des égards : il ne frayait jamais avec les ouvriers – trop occupé à de prétendues leçons d'escrime –, mais pas plus avec la famille, face à laquelle il restait toujours distant. Sauf avec Ninite, mais elle était si jeune ! Il vivait donc dans un complet isolement qu'il ne semblait pas vouloir rompre. En soi, ce n'était pas grand-chose, mais si l'on ajoutait à cela l'affaire des gimblettes, son cas devenait plus inquiétant, car l'impression de sérieux qu'il donnait n'était pas fondée : il avait fait une faute lourde dans son métier, et en plus l'avait dissimulée ! Quant à son attitude vis-à-vis de Quatreterre, aucun doute, il avait été presque hargneux. Or, elle l'avait vérifié, c'était bien lui qui avait composé les tierces des *Lettres du palétuvier* ! Mais pourquoi avait-il agi ainsi ? Vengeance ? Jalousie ? Au fur et à mesure de sa réflexion, la jeune fille sentait ses doutes se renforcer. Évidemment, elle aurait pu aller trouver la police... Mais elle n'était pas juge, juste responsable d'une imprimerie, et son intention était de se débarrasser de cet homme au plus vite. Pour cela, il lui fallait l'aval de son père. Heureusement que sa mère avait fini, après de nombreuses hésitations, par lui permettre d'aller lui rendre visite en prison. Judith avait alors appris que c'était Balthazar Amelot, et non les autorités royales, qui l'avait jusque-là empêchée de courir à Vincennes ! Le libraire craignait, semblait-il, que la vision de son état ne fût un trop grand choc pour ses filles.

Elle jeta un coup d'œil par la fenêtre. Le coche menait bon train, et la place du Trône[1] n'était déjà plus qu'un souvenir. L'attelage à deux chevaux n'avait fait qu'une bouchée de la longue route qui, passée la prison de la Bastille, traversait le populeux faubourg Saint-Antoine avant de s'engager dans la campagne, parmi les vignes et les jardins maraîchers.

Judith reporta son attention sur Mesliand. Elle pensait tenir le coupable des inscriptions et de l'avant-propos sulfureux. Mais pourquoi le compositeur aurait-il fait cela ? Falsifier un texte était un acte grave. Mesliand pouvait certainement y perdre son statut de compagnon, son gagne-pain. Ses motifs devaient donc être puissants. Avait-il des raisons de haïr Quatreterre étrangères à l'imprimerie ? Auteur raté, s'était-il tourné vers l'imprimerie et avait-il décidé de

1. Actuelle place de la Nation, appelée alors ainsi en raison du trône royal qui y avait été édifié en 1660 pour célébrer le retour à Paris de Louis XIV et de l'infante Marie-Thérèse, tout juste mariés.

punir ceux qui réussissaient à publier leurs œuvres ? Dans ce cas, que de hargne et d'ambitions voilées devait-il cacher ! Se rendait-il compte que ces malversations poussaient la librairie-imprimerie à la faillite ? Et profitait-il d'une manière ou d'une autre de l'arrestation de son père ?

Judith poussa un soupir de dépit. Ses explications ne la satisfaisaient pas complètement. Et la menace qui la hantait ne cesserait, elle le savait bien, que lorsque toute la lumière serait faite sur la série de catastrophes qui atteignait les Amelot. Même les encouragements des lettres mystérieuses n'y feraient rien. « C'est maintenant que j'ai besoin de toi, mon ange gardien, ne me laisse pas seule ! » pensa-t-elle alors.

À cet instant, la voiture ralentit et Judith aperçut un donjon. Son cœur s'affola à la vue de cette masse noire. C'était donc là qu'était détenu son père ? Mais qui avait pu souhaiter que Balthazar Amelot croupît dans cet endroit sinistre ?

La voiture contourna l'édifice et s'engagea lentement dans une allée. À la surprise de la jeune fille, le donjon n'était pas isolé, mais entouré de bâtiments. Les chevaux s'arrêtèrent devant deux guérites de pierre qui gardaient l'accès de la porte principale. Elle descendit du coche pour décliner son identité et expliquer les motifs de sa visite. L'un des gardes la toisa, puis lui fit signe de le suivre. Emboîtant le pas de son guide, elle franchit la porte et pénétra dans un jardin divisé en quatre carrés. Le bâtiment de gauche était un château, et à sa droite s'élevait une grande chapelle. Cet univers aurait pu paraître riant s'il n'y avait eu, au fond, cet énorme donjon crénelé, rude, massif, sinistre, qui jetait toute son ombre sur les autres constructions. C'était là le cœur des lieux.

La voix du garde la tira de sa contemplation. D'un ton rogue, il lui indiqua une porte verte sur la façade du château et lui dit d'y aller se faire connaître. On l'amènerait par la suite rencontrer son père. Elle voulut le remercier, mais c'était déjà trop tard, il avait tourné les talons. Elle rassembla son courage pour se présenter. En traversant la cour, elle marcha dans l'ombre du donjon, et elle ne sut si c'était le froid ou l'inquiétude qui la faisait frissonner ainsi...

Le second gardien ne fut guère plus aimable que le premier : il se contenta de noter son nom, son adresse à Paris, et la raison de sa venue. Elle signa un lourd registre, puis il l'envoya au pied de la tour, munie d'une autorisation. Un homme au visage en lame de couteau observa attentivement ce papier qu'elle lui tendait avant de se décider à décrocher un lourd trousseau de clefs du mur. Il héla un invisible collègue qui répondit d'un grognement sourd, se leva pesamment et contourna la table qui les séparait. Le dédale des couloirs et des escaliers suintait le moisi, et son silence, seulement troublé par le cliquetis des clefs et des bottes du gardien, était accablant. Vigilante, Judith tendait l'oreille, comme si une vie humaine pouvait se signaler dans ces épaisses maçonneries de pierre. En montant les hautes marches, elle se dit que l'air était sans doute plus sain dans les étages élevés du donjon. Enfin, son guide s'arrêta devant une imposante porte bardée de fer. Pour Judith, c'était l'heure des retrouvailles et le temps sembla s'arrêter.

Elle se jeta au cou de son père sans oser le regarder. Une seule chose lui importait : l'immense bonheur de se sentir à nouveau serrée dans ses bras aimants. Comme il lui avait manqué ! Comme son affection était irremplaçable ! Le chagrin accumulé pendant ces longues semaines de séparation la suffoqua d'émotion. Les larmes lui piquèrent les yeux, et elle resta un long moment sans prononcer une parole, sans bouger, afin de ne pas dissiper la douce chaleur qui l'enveloppait.

Balthazar Amelot ne parlait pas non plus, savourant le plaisir de tenir contre lui l'une de ses enfants. Finalement, le libraire, tenant Judith à bout de bras, contempla le visage de sa fille. Il lui sembla que la courbe du menton s'était durcie, que les traits s'étaient affermis. « Dieu qu'elle sort vite de son enfance ! » pensa-t-il. Quand Judith leva les yeux vers son père, elle resta quelques secondes interdite. Il avait maigri, ses joues s'étaient creusées, comme aspirées de l'intérieur, et ses vêtements flottaient. Seul son regard restait bien le même, mais elle eut l'impression que la flamme de ses yeux était l'unique chaleur qui émanait de ce corps presque rétréci. Gênée de ce qu'elle voyait, elle se détourna pour contempler les lieux. La cellule était petite, mais claire et propre. Précédant les interrogations de Judith, Balthazar Amelot affermit sa voix pour expliquer à sa fille que M. du Châtelet, gouverneur de la forteresse, avait eu l'obligeance de lui faire porter une table et une chaise, afin qu'il pût lire confortablement.

Puis il pressa Judith de questions sur la famille, et celle-ci s'attacha à en faire la description la plus riante possible. Le libraire s'anima et la jeune fille, un peu rassurée sur la santé du prisonnier, se décida à lui parler des problèmes de l'imprimerie. En guise d'introduction, elle commença par montrer à son père l'exemplaire des *Métamorphoses* qu'elle avait apporté.

Balthazar Amelot examina attentivement le livre avant de se tourner vers sa fille et de dire à voix basse :

– Judith, tu es une libraire.

La jeune fille rosit sous le compliment. Son père

n'avait pas mentionné le petit défaut d'impression, et de sa part, elle ne pouvait espérer mieux. Ce ne fut qu'ensuite qu'elle aborda le sujet qui avait précipité sa venue. Elle raconta donc tout en détail, les maladresses de Mesliand, les inscriptions sur le mur et, pour finir, l'avant-propos saboté de l'œuvre de Quatreterre. Le prisonnier l'écoutait, le sourcil froncé. Quand elle eut fini son récit, il demanda, après un court silence :

– Tu as un exemplaire de cet avant-propos ?

La jeune fille sortit un volume des *Lettres du palétuvier* qu'elle avait pris soin d'emporter avec elle, et le lui tendit sans un mot. Balthazar Amelot parcourut rapidement les premières lignes, étouffant les exclamations qui lui venaient aux lèvres. Enfin, il regarda sa fille.

– Attaquer Quatreterre ainsi ! Avec des armes de vermisseau ! Mais l'affaire pourrait effectivement avoir de graves conséquences. Tu soupçonnes donc Mesliand de tout cela ?

– Père, je ne vois pas qui d'autre !

– Oui, je comprends... Cela ne concorde pourtant pas avec ce que je sais de lui. Ce garçon est issu, selon l'un de mes confrères, d'une excellente famille de libraires rouennais. Et le courrier que Mesliand père m'a envoyé il y a quelques mois m'a conforté dans cette bonne impression. D'après lui, son fils, bien que cadet de famille, n'avait pas voulu quitter le métier, sa seule passion étant la librairie. Comme il n'y avait pas de place pour deux dans leur affaire familiale, il l'avait orienté vers le métier d'imprimeur, domaine dans lequel il avait donné jusqu'ici toute satisfaction. C'est pour parachever sa formation de compagnon qu'il s'est installé à Paris. Tu vois à quel point son profil colle peu avec celui d'un intrigant capable de telles manigances !

– Vraiment… dit Judith, un peu déçue par les informations de son père.

– Il y a tout de même quelque chose de curieux à son sujet. Pourquoi ce garçon, brillant sujet, a-t-il choisi une petite imprimerie familiale comme la nôtre ? La première fois que je l'ai rencontré, il m'a expliqué avoir déjà pratiquement accepté une place ailleurs. Et puis finalement, il est venu chez nous… J'ai d'ailleurs su par mes confrères qu'il avait refusé un emploi dans des imprimeries plus prestigieuses… J'avoue que je ne comprends pas bien. Mais de là à dire qu'il est malhonnête, il y a de la marge… et je refuse de la franchir.

– Père, vous allez peut-être rire de moi, mais en grandissant, je me sens de plus en plus portée à la méfiance.

Le maître imprimeur alla s'asseoir d'un pas un peu hésitant sur l'unique chaise, avant de répondre d'une voix lasse :

– Tous ces événements, mon arrestation que je ne m'explique toujours pas, cet acharnement contre Quatreterre, votre avenir à toutes quatre… tout cela m'oblige à presser une affaire que j'avais, jusqu'à aujourd'hui, souhaité reporter. Trois filles, même talentueuses, ne feront rien au regard des règles de transmission.

La gorge de Judith se serra à ces mots.

– Que voulez-vous dire ?

– Je dois maintenant assurer la succession de l'imprimerie. Tu sais bien que, malheureusement… (L'imprimeur laissa échapper un profond soupir.) Notre petit Louis n'a pas vécu, et si je disparaissais sans successeur, l'imprimerie vous échapperait. Esther épousera Chapelle. Je vais prendre mes dispositions à cette fin.

Judith fit un pas en arrière et regarda le libraire d'un air horrifié. Cette décision, bien qu'elle l'eût envisagée dans le passé, lui paraissait intolérable dans la bouche de son père.

– Mais elle ne l'aime pas ! finit-elle par s'exclamer. Et puis elle…

Les mots moururent dans sa gorge. Comment

annoncer à son père, obsédé par la protection de sa famille, que sa fille aînée songeait au couvent ?

– Père, elle…

– Je sais ce que tu vas me dire : oui, tu as raison, elle n'aime pas Chapelle. Mais, vois-tu, l'amour et le mariage peuvent être des choses différentes. Chapelle est un homme de valeur, Judith, et elle apprendra sinon à l'aimer, du moins à le respecter.

– Non, père, c'est qu'elle souhaite… (La jeune fille prit une grande inspiration.) Père, elle veut entrer au couvent !

Balthazar Amelot, sous le choc, s'enfonça sur sa chaise.

– Entrer au couvent ? Mais… Ah, non ! se ressaisit-il. C'est encore une de ses lubies ! Elle ne sait rien de la vie dans les couvents, et, crois-moi, elle n'est pas bâtie pour cette expérience. Je la connais bien, tu sais, et d'autant mieux qu'elle ressemble beaucoup à ta mère. Leur désir d'absolu est fort, mais il ne se nourrit que des imperfections de ce monde. Or la vie dans un cloître est difficile, il y règne la solitude des cieux… Et il faut de grandes ailes pour y planer.

Judith tressaillit. Les arguments de Balthazar Amelot semblaient sages, et pourtant, elle était convaincue qu'il faisait fausse route. Il ne voyait Esther que dans l'ombre de leur mère ; il ne comprenait pas que sa vocation était déjà profondément ancrée, qu'il y avait en elle une véritable aspiration à une vie spirituelle. Pouvait-il à ce point méconnaître sa fille ? Ou bien faisait-il l'aveugle pour ne pas s'encombrer du remords de la contrarier ?

– Ne lui parle de rien, conclut le prisonnier. Nous verrons cela en temps voulu. Je dois réfléchir.

Le libraire jeta un regard éloquent autour de lui et Judith comprit que leur situation dans le monde était fragilisée par son enfermement. Si la volonté d'Esther aurait pu, en d'autres circonstances, être écoutée, l'heure n'était plus à cela. Le sentiment de l'inéluctable naufrage de la famille Amelot la gagna une fois de plus.

– Allons, montre-toi raisonnable, dit Balthazar Amelot en voyant l'affliction se peindre sur son visage. Il faut que je pense à ce qui se passera après moi. Esther mariée à Chapelle, celui-ci pourra passer maître. L'imprimerie restera dans la famille et votre avenir à toutes sera assuré. J'en parlerai à ta mère à sa prochaine visite, en attendant, rappelle-toi que je compte sur ton silence.

Judith ne répondit pas, abattue par mille et une pensées de sombre nature. Esther mariée à ce dogue ! Elle qui n'aimait ni Chapelle ni l'imprimerie était sacrifiée au salut des autres, au seul motif qu'elle était l'aînée et en âge de se marier ! Mais la dernière chose que méritait son père était bien un mouvement d'humeur de sa part...

– Père, que dois-je faire ? murmura-t-elle finalement.

– En ce qui concerne le désordre des *Lettres du palétuvier*, c'est simple : pas un mot à l'auteur, il en aurait des vapeurs. Tu vas demander à Chapelle de recomposer lui-même l'avant-propos – dis-lui que je l'en prie personnellement –, le tout dans la plus grande discrétion ; une fois l'impression finie, vous effectuerez le remplacement dans les exemplaires non reliés. Il est inutile d'envisager un cartonnage[1] de l'édition : sur un avant-propos, ce serait trop visible... Pour les ouvrages déjà reliés, ne fais rien pour l'instant, je dois réfléchir à la meilleure solution. L'artisan qui s'occupera de les découdre doit être plus muet qu'une carpe... Pour Mesliand, l'affaire est sérieuse et je souhaiterais que tu laisses à Chapelle le soin de prendre la décision qui s'impose. Tu sais que les ouvriers imprimeurs sont une corporation particulièrement chatouilleuse : il vaut mieux les laisser résoudre entre eux ce genre de problème...

Judith acquiesça à regret. L'idée de demander l'aide

1. Les « cartons » étaient des feuilles que l'on collait sur les passages interdits par la censure.

de Chapelle lui était fort désagréable, cela revenait à reconnaître son incapacité à régler seule cette histoire. Mais son père avait raison.

Désireuse d'effacer du front paternel les rides soucieuses qu'elle venait de contribuer à creuser, elle entreprit de lui raconter comment Quatreterre avait ramené l'interdiction de l'*Encyclopédie* à une affaire personnelle. Si Balthazar Amelot rit à l'idée de l'auteur préoccupé de sa gloire, l'évocation de l'interdiction lui fit froncer les sourcils. Il rappela à sa fille la discussion qu'ils avaient eue en allant chez M. de Morderant, le valet de chambre du Dauphin, et évoqua la pression que les libraires exerçaient pour faire tomber l'interdiction.

– J'ai bon espoir que mes confrères trouveront une issue favorable. Leurs arguments sont de poids : une fois de plus, cette interdiction est une mascarade qui pourrait entraîner la ruine de notre profession !

– Mais pourquoi parlez-vous de mascarade ? demanda Judith, étonnée.

– Parce que interdiction ou pas, le livre paraîtra ! Des livres contrefaits[1] sont prêts à circuler dans toute l'Europe, on parle même de deux éditions, l'une à

1. Textes édités de manière illégale par un libraire autre que celui qui possède l'autorisation de les publier.

Lucques, l'autre à Genève. Je te l'ai déjà dit, interdire un livre n'empêchera jamais les idées de se répandre. Tu penses bien que mes confrères se sont déjà chargés de le signaler à M. de Malesherbes ! Ils se battent pour ce livre, parce que beaucoup ont engagé des sommes considérables dans le projet. L'interdire en France, c'est les ruiner, alors même que des étrangers pourront le lire !

– Mais vous êtes très au fait de ce qui se passe, je n'en reviens pas !

Un rictus amer traversa le visage de Balthazar Amelot.

– Judith, il n'y a que moi que ces barreaux retiennent. Ici, les visiteurs se succèdent, les gazettes me sont fournies… Je ne sais toujours pas pourquoi je suis emprisonné, mais, comme tu le vois, je suis parfaitement au courant des démêlés de l'*Encyclopédie* !

– Vous n'avez eu aucun éclaircissement sur les raisons de votre présence ici ?

– Non, Judith. Je n'en ai aucune idée. Ce n'est pas faute d'avoir réfléchi, mais je ne comprends pas. J'ai toujours été prudent, je n'imprime que des ouvrages hors de toute polémique, je ne fais pas de contrefaçon… Oh, je ne suis pas le seul en ces lieux à ignorer mes fautes, crois-le bien, et j'ai au moins droit à un traitement de faveur qui me rend la vie plus supportable… Mais il est temps que tu rentres, lui conseilla-t-il soudain, la nuit commence à tomber et ta mère va être folle d'inquiétude… Dis-lui que je vais bien.

La jeune fille recula de quelques pas et contempla le visage amaigri de son père.

– Si je lui dis cela, est-ce que ce sera la vérité ?

– Ce sera au moins une grande partie de la vérité, et tu seras gentille de t'en contenter aussi vis-à-vis de tes sœurs. Suis-je bien clair ?

Judith hocha la tête et se serra de nouveau contre Balthazar Amelot.

– Je m'occupe de la librairie, je ferai ce que vous m'avez dit.

– J'y compte bien. Sois prudente surtout, et file maintenant ; te savoir sur les routes à cette heure m'inquiète plus que tout le reste. Au revoir, ma Judith.

Le geôlier vint ouvrir la porte à l'appel du prisonnier et, après un dernier regard à son père, la jeune fille fut reconduite jusqu'à la voiture qui devait la ramener à Paris.

Quand elle arriva rue Saint-Jacques, il était fort tard, et seule la cuisine, où veillait Ursule, était éclairée par les dernières lueurs du fourneau. Judith avala une portion de carpe farcie que lui réchauffa la cuisinière, tout en l'écoutant marmonner ses reproches concernant l'heure indue de son retour. « Encore heureux, ajouta la noiraude, qu' j'aie réussi à dissuader Madame, blette de fatigue, d'attendre sa fille. » « Blême », rectifia intérieurement Judith, qui se félicita de pouvoir aller se coucher sans plus d'explication.

Le lendemain, elle se leva au point du jour en prenant garde à ne pas réveiller ses sœurs. À cette heure matinale, elle espérait que Chapelle serait seul dans l'atelier, ce qui rendrait les choses plus faciles. Dès son entrée dans la cour, elle entendit gémir la presse et elle pesta à l'idée qu'elle ne bénéficierait pas de la tranquillité souhaitée.

Chapelle était avec les deux pressiers et examinait une feuille qui venait d'être imprimée. Un instant, Judith repensa au destin d'Esther et une onde de colère la secoua. Poinçon regardant par-dessus l'épaule du prote, ce fut Banneau, luisant de sueur, et attendant au barreau[1], qui aperçut Judith en premier.

– Hep ! v'là la mouche, l'entendit-elle distinctement dire à ses compagnons.

– Monsieur Chapelle ! appela la jeune fille, sans relever.

1. Élément de la presse qu'il faut tirer avec force pour comprimer la feuille de papier sur les caractères encrés.

Le prote continua son travail comme s'il n'avait pas entendu.

– Monsieur Chapelle, répéta Judith d'une voix plus haute, j'aimerais vous parler...

Il leva enfin le nez.

– Allez-y, je vous écoute ! répondit-il brutalement, sans bouger.

« C'est bien ma chance, il a l'air dans un de ses mauvais jours », se dit Judith. Elle reprit :

– C'est que... pouvons-nous sortir quelques instants ?

Chapelle ne broncha pas et la jeune fille crut qu'elle allait exploser devant tant de mauvaise volonté. Alors qu'elle s'apprêtait à élever la voix de nouveau, il fit un petit signe affirmatif aux pressiers, suspendit la feuille à un fil, s'essuya lentement les mains sur son tablier, et il la précéda dans la cour tandis que les coups de boutoir de la presse retentissaient à nouveau.

– Monsieur Chapelle, nous avons un grave problème à régler, dit Judith à mi-voix.

– Il n'y a plus que ça, des problèmes, depuis que votre père est parti ! Des soucis d'impression, les créanciers qui font la queue... C'est plus une librairie, c'est le bureau des plaintes ! rétorqua le prote en croisant les bras et en se campant devant elle comme un lutteur de foire.

– Celui-là est sérieux. Vous n'êtes pas au courant, mais…

– Ah ! c'est assez ! s'exclama Chapelle. Vous croirez donc toujours en savoir plus que moi sur ce qui se passe ici ?

Judith se mordit les lèvres. « Cet homme est plus soupe au lait que Nicole ! Restons patiente, comme si je m'adressais à un enfant », se dit-elle.

– Pas du tout, monsieur Chapelle, dit-elle doucement. C'est au sujet des *Lettres du palétuvier*.

– Et quoi encore, avec ce livre ? On l'a bien assez dorloté comme ça ! Vous avez plus qu'à le vendre, c'est pas sorcier.

– Justement… L'avant-propos du livre a été déformé et l'ouvrage est invendable. Je m'en suis rendu compte avant-hier. Tenez, voyez vous-même !

Elle ouvrit l'exemplaire qu'elle avait apporté à la page de l'avant-propos. Pendant qu'il lisait, elle ajouta, pour l'amadouer :

– Père, que j'ai vu hier, m'a assurée que vous pourriez m'aider à retrouver le coupable. Il s'agit forcément d'un ouvrier de chez nous. Qui devra immédiatement quitter l'imprimerie, bien sûr. Pour moi, il s'agit de Mesliand.

Oubliant ses principes de mesure, elle avait mis toute sa force de conviction dans ces derniers mots.

La réaction de Chapelle fut totalement inattendue. Loin de paraître étonné, il braqua sur la jeune fille un regard enflammé et recula d'un pas en éructant :

– Mademoiselle, vous vous... moquez de moi ! Si VOTRE auteur écrit des cochonneries, c'est VOTRE problème ! Pas celui de l'atelier ! Et je vous défends d'accuser mes hommes.

– Mais M. de Quatreterre n'a jamais écrit cela ! riposta Judith. Et vous le savez pertinemment, puisque vous avez lu les épreuves aussi bien que moi !

– Mon métier est de vérifier que les phrases de l'auteur sont fidèlement reproduites dans les épreuves ! Pas de lire, et encore moins de juger son texte. Mais s'il ne tenait qu'à moi de choisir les auteurs, sachez-le, jamais votre Quatreterre n'aurait été publié !

Chapelle, l'air furibond, fit une pause, ce qui permit à la cadette des filles Amelot de s'apercevoir que le martèlement de la presse s'était arrêté. Elle s'imagina que tous les ouvriers, alertés par les éclats du prote, les observaient derrière le papier huilé des fenêtres.

– C'est insensé, monsieur Chapelle...

– C'est une chose de ne rien connaître à rien, aboya celui-ci, toujours hors de lui, mais c'en est une autre d'accuser à tort et à travers ! Même Adrien, je peux vous le dire, en sait plus long que vous sur l'imprimerie ! Moi, je ne marche plus !

Judith, horriblement vexée, se retint de lui envoyer une gifle.

– Monsieur Chapelle, essayons de ne pas compliquer la situation. Nous n'avons qu'à comparer ce texte au manuscrit, et vous verrez bien que ce dernier a été détourné par un esprit malveillant... Imaginez-vous un instant que la censure aurait laissé passer cela ?!

Chapelle bougonna et la jeune fille sentit qu'elle avait marqué un point. À cet instant, Esther et sa mère les rejoignirent dans la cour.

– Esther ! Peux-tu me rendre service et aller chercher le manuscrit de Quatreterre dans le cabinet de père ? lui demanda Judith. C'est important.

– Euh... bafouilla Esther, c'est que nous ne l'avons plus.

– Comment ! s'exclama Judith.

– Un valet de sa maison est passé le chercher hier. Je n'avais pas de bonne raison pour ne pas le lui rendre...

– Oh non ! s'effondra Judith. Il va falloir...

– Ne vous donnez pas cette peine, trancha Chapelle, qui semblait avoir retrouvé son calme. Madame, dit-il en se tournant vers Violaine Amelot, je regrette, mais j'emporte mon Saint-Jean[1]. Ici, ça ne tourne plus

---

1. Dans le vocabulaire des ouvriers de l'imprimerie, « emporter son matériel », donc quitter l'imprimerie.

rond. C'est un métier, imprimeur. Je reviendrai quand M. Amelot sera de retour, ça sera aussi bien. Pareil pour mes gars, bien sûr…

– Enfin, monsieur Chapelle… il s'agit certainement d'un malentendu… bredouilla l'épouse de l'imprimeur.

– Ça en fait un de trop !

Les trois femmes assistèrent, médusées, au départ de tous les ouvriers, à l'exception d'Adrien, qui habitait chez elles. En effet, Chapelle, Poinçon, Banneau et Mesliand sortirent bientôt de l'atelier, vêtus de leurs habits de ville. Les trois premiers se contentèrent d'un bref adieu, tandis que Mesliand, dont la redingote n'était pas même encore boutonnée, leur jetait un regard furieux. « Il a tout entendu », pensa Judith, en un éclair.

Gorgemelle arriva quelques instants plus tard de son pas lent et mal assuré. Il avait troqué son vieux costume informe contre un habit de bonne laine quasi neuf qui allongeait son corps pesant et lui donnait un air tout endimanché. Elle aperçut même, dépassant d'une poche, les maillons d'une chaîne dorée qui devait appartenir à une montre.

– C'est pas de bonne grâce, après tant d'années, dit-il à Judith en soupirant. Mais tout seul, je suis bon à rien.

Les joues tremblotantes, ses yeux clairs, presque vitreux, emplis d'incompréhension, le compositeur faisait véritablement peine à voir.

– Merci, monsieur Gorgemelle, ne put que répondre la jeune fille, la gorge serrée par le désespoir.

CHAPITRE XI

LA MINE BASSE, Violaine, Judith et Esther Amelot rentrèrent dans la librairie. L'atmosphère recueillie de la pièce aux étagères emplies de livres ne parvint pas à réconforter la cadette des filles.

– Doux Jésus, quelle catastrophe ! se lamenta Violaine Amelot. Ah, je l'avais dit, que ça se terminerait mal, cette affaire ! Si Balthazar avait été là, jamais les ouvriers n'auraient ainsi cabalé ! Et maintenant, que dire ? que faire ?

– Je ne comprends plus rien, murmura Judith au bord des larmes. Pourquoi Chapelle ne veut-il rien entendre ? Je n'ai quand même pas rêvé, l'avant-propos écrit par Quatreterre n'avait rien à voir avec le torchon que nous avons publié !

Personne ne lui répondit. Esther regardait par la fenêtre tandis que leur mère, qui venait de s'asseoir, triturait nerveusement son chapelet. Judith sécha ses yeux avec un mouchoir. Elle s'apprêtait à parler de Mesliand, lorsque soudain elle vacilla. Ses soupçons s'étaient portés sur lui, mais l'attitude de Chapelle venait à nouveau la faire douter. Et si c'était lui, l'homme qui détenait toute la confiance de son père, qui était la source de leurs ennuis ? La décision paternelle au sujet d'Esther n'avait-il pas fait de lui le principal bénéficiaire de la situation houleuse que traversait la maison Amelot ? Et cette conséquence n'était-elle pas aisément prévisible ? Chapelle ou Mesliand, Chapelle et Mesliand... tout était possible, et si confus !

Elle revit les ouvriers quitter l'imprimerie et une vague de culpabilité fit jaillir de sa gorge serrée un flot de sanglots.

– Je n'ai fait que des erreurs, je n'ai pas été à la hauteur, jamais je n'aurais dû vous pousser à relancer l'imprimerie. J'ai été si présomptueuse...

Esther comprit la détresse de sa sœur, s'avança vers elle et lui prit la main, qu'elle serra à la lui broyer.

– Ne dis pas ça. Nous avons fait notre possible, mais la volonté de Dieu était que cela se terminât de la sorte. De toute façon, avec ce vieux bouc de Chapelle, il était difficile de faire mieux.

Consternée, Judith pressa à son tour la main de sa sœur. Entendre Esther fustiger Chapelle lui rappelait douloureusement la décision de leur père, encore ignorée de la principale intéressée. Et dire que le prote était peut-être le responsable de toutes leurs misères... Pourtant, elle se sentait réconfortée par la sollicitude de son aînée. À la deviner si proche, il semblait à Judith que des bouffées entières de son enfance complice avec Esther lui revenaient, souffles tièdes et apaisants sur des plaies cuisantes. Elle avait tellement changé depuis l'arrestation de leur père : elle auparavant si discrète, presque effacée, et maintenant si affermie... Et il fallait que ce moment béni de leur rapprochement eût lieu au cœur de la tourmente !

– Et puis, continua Esther, père reprendra les rênes de tout cela à son retour. Au fait, est-il en bonne santé ?

– Père...

Judith, inconsciemment, jeta un coup d'œil vers sa mère. Le regard qu'elles échangèrent fut douloureux. À cet instant, la jeune fille sut qu'elles étaient complices dans le mensonge.

– Il est plein d'espoir, répondit-elle en essayant de maîtriser sa voix, car il pressent que sa libération est proche.

– S'il rentrait, songea à haute voix Esther, nos créanciers arrêteraient de nous harceler.

– Il m'a chargée de vous dire qu'il vous aime de tout son cœur, ajouta Judith.

– Et il vous le redira très bientôt lui-même, coupa

Violaine Amelot. En attendant, je vais aller à la chambre syndicale voir s'il y a moyen de contraindre les ouvriers à revenir. Je serai de retour sous peu.

L'épouse Amelot se couvrit et sortit précipitamment. Un courant d'air froid balaya la pièce et Esther jeta une bûche dans le poêle. Pendant un long moment, les jeunes filles restèrent silencieuses, toutes deux traversées par de sinistres pensées. Soudain, Nicole surgit, pimpante et souriante.

– Vous en faites, des têtes ! s'exclama-t-elle en avisant la morosité de ses sœurs. Quelqu'un vous a fait boire du sirop de limace ?

– C'est cela, c'est cela, acquiesça Esther d'un air vague. Tiens, toi, tu vas aller aider Mme Gachet à ramasser ses œufs. Ça t'occupera !

Elle saisit brutalement sa petite sœur par la main et l'entraîna chez la voisine, qui tenait un commerce de volailles.

– Mais... protesta la benjamine en franchissant la porte, j'ai pas envie d'y aller. Où est mère ?

Ses protestations se perdirent dans la rue. Quand Esther revint, seule, elle demanda à Judith :

– Et qu'a dit père au sujet des *Lettres du palétuvier* ?

– Cela n'a plus d'importance, maintenant que nous n'avons plus d'ouvriers. Nous allons garder les exemplaires sous clef en attendant leur retour... et raconter la vérité à Quatreterre. Cela va être pénible, mais compte tenu de la situation, il n'y a pas d'autre solution. Et puis du moment que les exemplaires ne sont pas diffusés, il ne risque rien…

– Loriot et Nicole m'ont aidée à examiner notre stock de *Lettres,* hier. Tous les exemplaires sont véreux, y compris les cent cinquante déjà reliés.

– Pardon… Tu veux dire les deux cents exemplaires reliés.

– Non, cent cinquante. Je suis sûre de moi, nous avons compté deux fois.

– Ce n'est pas possible. Cela voudrait dire qu'il en manque cinquante !

– Judith, je suis formelle.

– Moi aussi, tiens, le bon du relieur est là : « Reliure en maroquin de deux cents exemplaires ».

Les deux filles regardèrent le document et Esther blêmit.

– Tu vois, dit Judith, comme si le chiffre indiqué sur le papier pouvait s'imposer à la réalité.

Sa sœur secoua la tête avec une grimace.

– Non, tu ne comprends pas. Il nous manque cinquante exemplaires et je ne crois pas qu'ils moisissent quelque part. Celui qui les a volés les a sans doute déjà distribués dans Paris !

Judith crut que le sol se dérobait sous elle. La librairie,

tout comme Quatreterre, étaient perdus de réputation ! Elle s'adossa au comptoir, la tête vide. Tout cela était trop, trop d'ennuis, trop de travail, trop de tout et trop vite… Elle se sentit à bout de ressources. Ce fut Esther qui parla :

– Il faut que tu préviennes Quatreterre au plus vite, afin qu'il aille plaider sa cause à la direction de la Librairie !

– Tu crois ?

– Bien sûr ! Sinon, il risque d'être inquiété, peut-être arrêté… Il faut au moins que nous puissions éviter cela !

– Tu as raison ! Mon Dieu… mais où le trouver ? Chez lui, sans doute. Esther, je t'en prie, accompagne-moi !

– Ce n'est pas possible, l'une de nous doit rester ici, en cas de problème. Allez, va, sois confiante, tout se passera bien.

Sans même se changer, Judith empoigna sa pèlerine et sortit. Il lui fallait mettre la main sur un fiacre qui l'emmènerait à vive allure chez M. de Quatreterre. Elle remonta en courant la rue Saint-Jacques et trouva ce qu'elle cherchait au carrefour. L'adresse du gentilhomme lui était connue. Combien de fois n'avait-elle pas rêvé en pensant à l'hôtel de Sillery, sur le quai de Conti ! Elle donna des instructions au cocher, qui lança son attelage au grand trot. Le cœur battant, la jeune fille regardait les façades des maisons défiler. « Pourvu que je n'arrive pas trop tard ! Si l'un des exemplaires est tombé dans les mains de la censure, il a peut-être déjà été arrêté ! » songeait-elle en rongeant son frein. Une secousse plus brutale que les autres lui indiqua qu'elle était arrivée. Elle descendit du fiacre et posa le prix de la course dans la main ouverte du cocher. Ici, point de boue ni d'immondices traînant sur le pavé. Elle pouvait marcher sans craindre pour sa robe.

Devant elle, une large porte destinée au passage des attelages donnait sur une cour, au fond de laquelle on devinait les proportions harmonieuses d'une belle demeure. Après un instant d'hésitation, elle allait pénétrer sous le porche, lorsqu'un homme en livrée l'arrêta pour lui demander ce qu'elle voulait. Le regard dédaigneux de celui qui la hélait, un simple portier, la piqua au vif. Redressant le menton, elle expliqua d'un ton sec qu'elle était l'éditeur de M. de Quatreterre et qu'elle devait le voir immédiatement. L'homme se radoucit et lui expliqua que Monsieur était absent, mais qu'il pouvait certainement la faire patienter en attendant le retour de Monsieur ; sinon, il lui était possible de déposer sa carte, afin que Monsieur prît connaissance de sa visite.

La prétention avec laquelle ce portier prononçait son « Moooosieur » irrita Judith et elle lui asséna aussi sèchement que possible qu'une carte ne ferait rien à l'urgence de son affaire. Son regard s'arrêta sur un coupé aux armes de Quatreterre, garé dans la cour. Elle demanda d'un ton dubitatif :

– M. de Quatreterre est donc sorti sans sa voiture ?

– C'est la voiture qu'il prête à M. Saint-Val, répondit le portier, qui avait suivi son regard.

– Vianney Saint-Val ? s'exclama-t-elle. Que ne me disiez-vous qu'il était là ?! Menez-moi à lui, ordonna-t-elle en reprenant de l'assurance.

Le portier la conduisit dans la cour et lui indiqua la double volée d'escaliers qui montait à l'assaut de la porte principale. Un laquais, sans doute prévenu par un coup de cloche, vint lui ouvrir et la guida parmi des salles somptueusement décorées. Les murs tendus de damas rouge étaient surchargés de tableaux, tandis qu'au sol le damier blanc et noir des carreaux disparaissait presque sous un amoncellement de tapis colorés. Les consoles, toutes recouvertes d'un même marbre vert délicatement veiné, croulaient sous des vases chargés de fleurs odorantes. Judith, après sa course en fiacre dans les rues de Paris, se sentit soudainement misérable. Elle jeta un œil sur ses brodequins un peu éraflés, et prit conscience qu'elle était sortie dans sa tenue de travail, dont la banalité était accentuée par la richesse des lieux.

Après lui avoir demandé son nom, le laquais ouvrit une double porte et annonça, d'un ton cérémonieux : « Mademoiselle Judith d'Amelot. » Embarrassée par cet ajout subit d'une particule, elle ouvrit la bouche pour corriger cette erreur, mais déjà l'homme s'était retiré. Saint-Val, un sourire aux lèvres, posa la plume qu'il tenait à la main et se dirigea vers elle.

– Mademoiselle Amelot, quelle surprise de vous voir ici ! En lieu et place de surprise, je devrais plutôt évoquer le bonheur !

– Je suis désolée d'arriver ainsi, sans vous prévenir, mais l'affaire qui m'amène est urgente, il me faut absolument voir M. de Quatreterre.

La phrase fut prononcée d'une traite, et Judith en devint cramoisie. Saint-Val l'accueillait avec un compliment et elle ne savait même pas lui répondre ! Le poète la regarda d'un air étonné, puis, voyant la détresse qui se peignait peu à peu sur son visage, s'enquit de la raison urgente de sa visite. En quelques mots, elle raconta les derniers événements, l'avant-propos du roman qui avait été modifié et le fait que certains exemplaires couraient Paris nantis de cette page qui mettait en danger son auteur présumé. Elle tendit alors au jeune homme l'exemplaire qu'elle avait apporté avec elle. Saint-Val lut rapidement le passage en question et s'exclama :

– Comment diantre ce texte est-il parvenu jusqu'à votre imprimerie !

Judith n'eut pas le temps de s'étonner que le poète ne se scandalisât pas plus de la teneur de l'avant-propos, car celui-ci sonna un laquais qui apparut aussitôt. Il demanda que l'on avançât sa voiture, puis, se retournant vers la jeune fille, lui dit d'un ton décidé :

– Allons ensemble chez Mme Geoffrin : nous sommes mercredi, c'est le jour où elle tient son salon littéraire. Nul doute que notre ami est là-bas. Il n'y manque jamais, pas plus qu'aux jeudis et dimanches d'Holbach. Il nous faut aller le prévenir immédiatement. J'espère juste qu'il n'est pas trop tard…

– Mais vous n'y songez pas ! s'écria Judith. Je ne peux pas aller chez cette dame ainsi vêtue !

Saint-Val la regarda avec sérieux.

– Mademoiselle, il y aura chez cette femme d'autres dames, sans doute mieux parées que vous ne l'êtes ; mais aucune n'aura ce feu dans les yeux ni la beauté que vous confère votre jeunesse. Et, parole de poète, cela est plus convaincant que quelques rubans ou qu'une robe bien coupée… N'oubliez pas que nous allons là-bas pour éviter à notre ami de se retrouver en voisin de cellule de votre père ! Allons, venez, la voiture nous attend.

Le jeune homme prit Judith par le coude et l'entraîna

à sa suite. Dans la cour, un cocher déplia le marchepied de la voiture que la jeune fille avait remarquée et lui tendit le bras pour qu'elle se hissât à l'intérieur. Saint-Val s'engouffra derrière elle et cria au conducteur :

– Rue Saint-Honoré, chez Mme Geoffrin. Et au grand trot, Hilaire, nous devons retrouver M. de Quatreterre très rapidement !

Le coupé s'ébranla tandis que le poète s'asseyait à côté de Judith. Devinant les craintes de la jeune fille, il tenta de la rassurer en lui expliquant ce qu'il savait du salon de Mme Geoffrin.

– Mme Geoffrin était une amie de Mme de Tencin, une grande dame qui tenait, il y a une trentaine d'années, un brillant salon littéraire. On dit que c'est à elle que notre hôtesse doit tout, notamment sa célébrité. Elle rassemble maintenant dans son salon toute la vie intellectuelle du pays. Ce qui en fait l'originalité, c'est qu'elle accueille non seulement des écrivains, mais aussi bon nombre de peintres, de graveurs, de sculpteurs… Depuis qu'elle les reçoit, on les considère non plus comme des artisans, mais comme des artistes.

Judith resta quelques instants songeuse, puis se décida, quitte à passer pour une oie blanche, à poser la question qui lui brûlait les lèvres :

– Vous me parlez de salon, mais qu'est-ce que c'est exactement ?

– Un salon ? Hé bien, c'est... Au fond, ce n'est pas grand-chose, si je réfléchis bien : c'est une dame qui reçoit à jour fixe toutes les semaines, en général en soirée. Mme Geoffrin ouvre sa maison les mercredis pour les gens de lettres et les lundis pour les artistes. Ses invités se rencontrent, lisent des vers, parlent de leurs œuvres ou de celles des autres, critiquent, discutent... et surtout montrent qu'ils ont de l'esprit. C'est l'endroit où il faut être invité si l'on veut compter dans le milieu parisien.

– C'est pour cela que M. de Quatreterre y va ?

Saint-Val eut l'air gêné par cette question. Il marmonna :

– Oui, en quelque sorte... Disons qu'il est dans son caractère d'aimer les endroits bien en vue. À la mode, si vous voulez...

Comme changeant d'idée, il raffermit sa voix et dit :

– Antoine va chez Mme Geoffrin car elle reçoit tous ceux qui tournent autour de l'*Encyclopédie* : d'Alembert, d'Holbach, Helvétius, Grimm et bien d'autres ! Elle est l'un de leurs soutiens contre les attaques incessantes des dévots.

– Décidément, ces gens-là occupent toutes les pensées, murmura Judith en repensant aux explications de son père.

– Oui, cette coalition impensable de magistrats,

d'ecclésiastiques et de simples courtisans est plus active que jamais... Mais il faut que vous sachiez que ce salon littéraire n'est pas un endroit où l'on se révolte. Diderot, par exemple, n'est jamais reçu. Mme Geoffrin préfère le voir chez lui ou le rencontrer dans d'autres endroits, car il échappe à tout contrôle. Elle reste très prudente et prend bien garde à la censure ! C'est pour cela que je souhaiterais trouver rapidement notre ami. Envisagez un instant qu'il soit arrêté chez elle : ce serait un drame...

Judith frissonna. Elle avait bien compris que la disparition de quelques exemplaires véreux des *Lettres du palétuvier* pourrait valoir des soucis à son auteur, mais pas qu'elle entraînerait de telles conséquences politiques. Mme Geoffrin, soutien des philosophes, compromise par l'arrestation, à son salon, de l'un de ses habitués !

– Je donnerais bien quelques mois de ma vie pour savoir qui se cache derrière ce méfait, affirma Saint-Val. Que Quatreterre ait de féroces ennemis, cela ne m'étonne guère. Mais celui qui a conçu ce plan machiavélique pour le compromettre est un redoutable stratège ! Y avez-vous songé, mademoiselle ?

Judith se laissa aller, le dos contre la banquette, et ouvrit les mains en signe d'impuissance. La belle énergie dont elle avait fait preuve depuis le début de la journée commençait à disparaître, et elle sentait la terre devenir meuble sous ses pieds. Comment expliquer à ce quasi-inconnu la situation affreuse qu'elle avait à affronter ? Depuis quelques semaines, le monde marchait à l'envers, les choses les plus incompréhensibles se produisaient, elle se retrouvait à la tête d'une imprimerie avec des ennuis qui allaient au-delà de ce qui était imaginable. Enfin, à la tête d'une imprimerie… c'était beaucoup dire, puisque le matin même les ouvriers avaient débauché. Elle ferma les yeux, accablée. Et cette course en voiture, avec un jeune homme qu'elle n'avait croisé qu'une fois dans sa vie, n'était-ce pas une nouvelle folie ?

– Mademoiselle, tout va bien ?

La voix du poète la tira de son étourdissement. Elle ouvrit les yeux et fit répéter au jeune poète sa question.

– Songer à l'auteur de cette infamie ? reprit-elle. Pour être franche, je n'en ai pas la moindre idée. Des soupçons tout au plus, mais rien de fondé. Comment vous dire ? Depuis l'arrestation de mon père, tout va de mal en pis, et j'ai pourtant la sensation que l'orage qui menace au-dessus de nos têtes n'a pas encore éclaté. Pourquoi ? Je ne sais pas. Est-ce que cela est dirigé contre nous ou contre M. de Quatreterre ? Je ne sais pas non plus.

Le silence s'installa dans la voiture tandis que le

jeune homme la dévisageait, dans l'obscurité naissante, comme s'il prenait conscience qu'il n'était pas dans un jeu romanesque mais dans la vie réelle, et que la jeune fille qu'il avait en face de lui était bel et bien épuisée par les coups qu'un destin hargneux s'acharnait à lui asséner. Judith éprouva le besoin de rompre ce silence. Elle ajouta alors, non sans humour :

– Vous devez avoir l'impression que je ne sais rien. C'est vrai. Jusqu'ici, je ne connaissais le monde qu'au travers des pages de romans. C'était si simple... Depuis quelque temps, j'ai l'impression que ce monde se venge avec grand art de mes années de tranquillité. Que ne suis-je une musaraigne pour me cacher au fond d'un trou !

– Vous n'avez rien d'une musaraigne, votre courage l'atteste, répliqua le jeune homme.

– Ce n'est pas du courage. Être courageux, c'est surmonter sa peur pour affronter des dangers. Moi, je vis dans l'inquiétude. Ce que j'affronte est invisible, sans nom ni visage, et parfois, cette pensée seule me paralyse. Comment pouvez-vous appeler cela du courage ?

– Vous avez quand même couru pour nous prévenir du danger !

– Oui, c'est vrai... quand j'ai compris que des dizaines d'exemplaires de ce maudit livre avaient été dérobés et circulaient dans Paris.

La voiture était arrivée rue Saint-Honoré : le cocher fit un élégant demi-tour qui permit aux deux jeunes gens de se trouver juste en face du perron. Un laquais porteur d'une torche ouvrit la portière. Judith jeta un dernier coup d'œil désolé à sa robe, se remémora les paroles de son nouvel ami et descendit du coupé en se préparant mentalement à affronter ce fameux salon littéraire.

CHAPITRE XII

L'HÔTEL PARTICULIER de Mme Geoffrin était si bien illuminé par l'éclat doré qui jaillissait de ses grandes fenêtres que l'escorte du laquais ne fut guère utile. Judith eut à peine le temps d'admirer, au travers des vitres, les lustres scintillants qui, comme autant de parures, rehaussaient l'élégant bâtiment. Saint-Val était déjà dans l'hôtel et elle se précipita à sa suite.

Saint-Val, tout dévoué à la cause de Quatreterre, ne se laissa pas démonter par le valet qui leur ouvrit la porte et leur fit remarquer d'un ton aigre que le mercredi était le jour où Madame recevait ses amis. L'accent mis sur le mot « amis » suffisait à montrer aux deux jeunes gens qu'aux yeux de ce domestique ils n'en faisaient pas partie. Judith se fit la remarque que cette gent armoriée aux couleurs de ses maîtres concentrait toute son arrogance dans la répartition des accents toniques.

Le poète, regardant à peine le laquais, répondit avec assurance qu'il souhaitait parler à M. de Quatreterre. Si le nom ne dérida pas le cerbère, il suffit cependant à leur faire ouvrir la porte. Saint-Val traversa un boudoir d'un air décidé, puis, traînant derrière lui une Judith mortifiée, entra dans la pièce où se tenaient les invités. Antoine de Quatreterre, coiffé d'une élégante perruque que la jeune fille ne lui connaissait pas, était assis sur une méridienne et tenait en haleine un cercle de femmes. Celles-ci, étendues sur des sofas ou posant sur des poufs de velours bleu, paraissaient boire chacune de ses paroles. Judith comprit alors pourquoi l'auteur avait repris le manuscrit original des *Lettres du palétuvier* : c'était justement les aventures de Vigerie et de Pamelle qu'il était en train de conter. Sa voix chaude jouait avec toutes les nuances de la langue, marquant les pauses, accentuant les effets dramatiques, donnant vie aux dialogues. Qu'il était beau ainsi, encore aminci par un habit vert émeraude qui mettait en valeur la richesse de son teint !

À l'opposé, des hommes, debout près d'une fenêtre, discutaient de sujets qui semblaient plus sérieux. Saint-Val jeta un regard à Judith : ce n'était pas le moment d'interrompre Quatreterre... La jeune fille, elle, se serait bien jetée à ses pieds pour lui dire qu'elle avait couru Paris afin de le prévenir que la police était peut-être à ses trousses ! Mais elle sentit dans l'attitude de son nouvel ami qu'il ne fallait pas faire les choses ainsi. Elle le suivit donc vers le groupe d'hommes qui conversaient. En traversant le salon, elle sentait les regards méprisants des femmes qui s'attardaient sur sa robe, terne et démodée, sur sa coiffure, celle d'une méduse en colère. Ces regards jaugeaient l'ensemble, puis se détournaient, pleins de morgue, et enfin les têtes se rapprochaient pour de longs murmures. Une fois de plus, le rouge lui monta aux joues.

Elle avait honte de sa coiffure, honte de sa tenue, honte de ce qu'elle était au milieu de ces ravissants oiseaux de paradis dont les robes semblaient reproduire les couleurs de l'arc-en-ciel. Elle se sentait laide, gauche, maladroite comme un poulain grandi trop vite, avec des bras, des jambes, des gestes qui n'étaient pas coordonnés et qui ne ressemblaient en rien à cette grâce languissante que toutes ces déesses paraissaient avoir acquise en naissant. Derrière la honte, le sentiment qui se fit jour fut celui de la rage. C'était donc cela, un salon littéraire ? Une basse-cour, oui !

Mais déjà Saint-Val, qui n'était pas outre mesure troublé par ce bruissement de murmures, lui signalait un individu de courte taille, appuyé sur le dos d'une bergère. Judith l'observa discrètement. Ses traits fins, son front dégagé, ses yeux grands et bien dessinés annonçaient l'homme d'esprit.

– Voilà d'Alembert, le fils de cette Mme de Tencin dont je vous parlais tout à l'heure. Abandonné par sa mère sur les marches de l'église de Saint-Jean-le-Rond, il a été placé en nourrice, seulement entretenu par son père. Cela ne l'a pas empêché de devenir un brillant mathématicien et le collaborateur principal de Denis Diderot à l'*Encyclopédie*. Voyons ce qu'il en dit...

Les deux jeunes gens s'approchèrent. D'Alembert évoquait en effet de sa voix de fausset les démêlés de l'*Encyclopédie* et les difficultés suscitées par l'interdiction. Les hommes qui l'entouraient faisaient chorus pour s'indigner de ce qu'une décision d'interdiction fût prise au beau milieu de la rédaction de l'ouvrage. Le savant s'expliquait tout en gardant un œil rivé sur une femme imposante qui semblait, de son siège, dominer l'ensemble du salon.

– Vous ne paraissez guère à votre aise pour parler d'un tel sujet, mon cher d'Alembert ! intervint un homme qui lui faisait face. (Se rapprochant de son interlocuteur, il lui glissa :) C'est notre hôtesse qui vous inquiète ?

– Pour cela, non, mon cher d'Holbach. Elle vient de nous faire parvenir dans la plus grande discrétion une somme très importante pour que nous puissions mener à bien notre œuvre.

– Ce que l'on raconte est donc vrai ? s'étonna son interlocuteur, jetant un œil rapide sur Mme Geoffrin.

– N'en doutez point, répondit d'Alembert. Pour autant, elle ne souhaite pas que son hôtel devienne, aux yeux de la police, un repaire de conspirateurs… Je n'en dirai donc pas plus. Sachez simplement que les menées diverses des ennemis de la philosophie n'affectent pas nos soutiens. M. de Malesherbes en est un d'importance. Si les pressions l'ont conduit à rédiger l'arrêt notifiant l'interdiction, il tente actuellement de trouver une solution qui sauve les libraires de la faillite. Nous devons ainsi nous réunir dans quelques jours pour voir quelles sont les mesures à prendre… Pour ma part, j'estime que Denis Diderot va trop loin : il n'est nul besoin de s'attirer les foudres du pouvoir pour changer la société comme nous souhaitons le faire !

Le baron d'Holbach eut un demi-sourire : il savait à quel point les relations entre Diderot et d'Alembert s'étaient tendues ces derniers temps. D'Alembert, moins bouillant que ne l'était Diderot, se situait plus du côté des Voltaire, Turgot, Marmontel, qui ne souhaitaient pas affronter directement le pouvoir. Par conséquent, et au vu des mesures qui frappaient l'*Encyclopédie*, il avait décidé de ne se consacrer qu'aux articles concernant les mathématiques... C'était moins dangereux !

Judith ignorait tout cela. Pour elle, l'*Encyclopédie* restait cet ouvrage audacieux qui tentait de changer les esprits, de remettre l'homme au centre de toutes choses, en lieu et place de Dieu. Elle avait déjà oublié les regards dédaigneux qui avaient accompagné son entrée et buvait les paroles de d'Alembert, consciente qu'elle avait en face d'elle l'un des génies de son temps.

Une brève pression de Saint-Val sur son poignet la ramena à la réalité. Quatreterre venait de refermer son manuscrit en expliquant que la lecture de ses œuvres était terminée pour aujourd'hui. Les femmes qui papillonnaient autour de lui ne tarissaient pas de compliments. Il badinait, tout à son triomphe, porté par les compliments de son auditoire.

Judith, oublieuse de ses craintes, ne pouvait se retenir de l'admirer en le voyant pour la première fois dans ce monde scintillant qui lui correspondait si bien. Elle fit un pas en avant pour lui montrer qu'elle était présente et qu'elle participait à son succès, et il lui sembla, soudain, que la griserie du gentilhomme s'évanouissait. Il la remarqua, son regard descendit jusqu'à ses pieds puis remonta à sa tête sans qu'un sourire ne vît le jour sur son visage. Comme interdit, il retrouva un semblant de contenance lorsqu'il aperçut Saint-Val. Celui-ci lui fit un signe de la main et Quatreterre, se levant de son siège, traversa la foule pour les rejoindre, suivi par les regards de toutes ses admiratrices. Sans même saluer Judith, il apostropha son ami à voix basse :

– Mais que faites-vous ici, et accompagné de... Mais que vous prend-il ?

– Mon ami, j'ai de graves nouvelles à vous communiquer.

– Enfin, rien sans doute qui mérite de venir me déranger avec... avec la fille Amelot ! répondit le gentilhomme avec indignation.

Se retournant, il lança, d'une voix de nouveau mielleuse, à ses compagnes qui l'attendaient :

– Un poète en perdition, accompagné de sa muse ! Je suis tout à vous dans quelques instants !

Judith eut l'impression que la terre s'ouvrait sous ses pieds. Ainsi, dans ce salon, parce qu'elle n'avait pas la robe qu'il fallait, il faisait semblant de ne pas la connaître ? Mais quel filtre avait-il bu pour subir une telle métamorphose ? Que restait-il de l'auteur charmant, plein de prévenances, qui avait été jusqu'à lui frôler l'épaule ? Il ne lui accordait même pas un regard, il la dédaignait, et l'avait annoncée publiquement comme l'amie de Saint-Val. Le dépit et le dégoût la submergèrent, et elle sentit la honte la mordre cruellement. Oui, elle avait honte, pas de sa robe cette fois, mais d'avoir été naïve au point de s'être laissée abuser de la sorte.

Elle interrompit Saint-Val qui tentait, en vain, d'apaiser la colère de son ami, et dit à ce dernier, d'un ton glacial :

– Nous ne sommes venus ici que pour tenter de vous aider, monsieur. Votre manuscrit a été trafiqué, et des exemplaires de votre roman circulent dans Paris avec un avant-propos qui ne fait honneur ni à votre nom ni à celui de votre libraire. Cela pourrait bien vous conduire directement à Vincennes.

– Pardon, mais de quoi parlez-vous ?

Pour toute réponse, elle lui tendit les pages du fameux avant-propos, qu'elle avait arrachées et gardées dans sa poche. En les parcourant, Quatreterre changea de couleur et, jetant des coups d'œil affolés autour de lui, entraîna les deux jeunes gens vers la porte du salon. Judith se dégagea de son emprise et, le regardant bien en face, lui dit :

– Voilà pourquoi nous vous avons dérangé en pleine lecture ! Cela en valait-il la peine ?

– Oui, mais bien entendu, Judith...

– Mademoiselle Amelot, s'il vous plaît !

– Oui, comme vous voudrez, mais c'est invraisemblable… Comment cette… cette parodie d'avant-propos, écrite pour divertir quelques amis, a-t-elle pu sortir de chez moi ?

Judith tressaillit, horrifiée par ce qu'elle venait d'entendre.

– Vous voulez dire que vous avez écrit cela ?! s'écria-t-elle.

– Baissez le ton, mademoiselle… Je vous explique qu'il s'agit d'un amusement d'auteur, d'une sorte d'exercice, si vous voulez. Qui m'a été dérobé, certainement… C'est terrible, il me faut me cacher, mais où puis-je aller ?!

– Vous avez écrit cela ! répéta Judith, suffoquée, en regardant tour à tour Quatreterre et Saint-Val, dans l'espérance d'un démenti.

Mais le poète, l'air gêné, fuyait ses yeux. Quatreterre était donc bien l'auteur de ces cyniques propos ! Soudain, elle comprit la réaction de Saint-Val lorsqu'il avait lu le texte, un peu plus tôt. S'il n'avait pas été plus offusqué par son contenu, c'est qu'il le connaissait déjà !

Un sentiment de dégoût la submergea. Elle avait, croyait-elle, examiné toutes les hypothèses au sujet de cet avant-propos. Sauf celle, inconcevable à ses yeux, que Quatreterre pût en être l'auteur !

– Saint-Val, aidez-moi, enfin ! Vers qui me tourner ? gémit à cet instant celui-ci.

– Je vous croyais nanti d'amis influents, repartit brutalement Judith, avec l'envie irrépressible d'humilier Quatreterre.

– Oui, certes... Mais allons, il nous faut sortir discrètement, passez devant, je ne suis pas censé vous connaître et ma réputation souffrirait de...

Judith, exaspérée, se retourna vers Saint-Val.

– Ce goujat est un de vos amis ?

– Le courage n'est pas sa plus grande qualité, je l'avoue, dit le poète dans une grimace navrée.

Quatreterre, aux abois, sortit du salon au grand étonnement de ceux qui l'observaient du coin de l'œil. Chacun se mit à commenter l'événement en l'interprétant à sa convenance. Mais l'auteur des *Lettres du palétuvier* était maintenant trop alarmé pour se soucier des ouï-dire. La seule idée du cachot avait suffi à lui faire prendre la mesure des choses...

Il traversa l'entrée en courant, suivi de Judith et du poète qui tentaient de ne pas se laisser distancer. Arrivé près de l'entrée, il bouscula le valet, bondit sur le perron en hélant à grands cris sa voiture qui stationnait non loin de là. Saint-Val le regardait, éberlué. La perruque de travers, l'être affolé qui avait été un gentilhomme se suspendit aux rubans qui ornaient la veste de son ami et lui lança d'un trait :

– La police doit être à mes trousses. Il faut au moins un océan entre elle et moi.

Saint-Val essaya de le raisonner, lui faisant valoir que si condamnation il y avait, ce serait une courte peine de prison, qui ne pourrait que lui donner le lustre de l'auteur poursuivi par les autorités. Peine perdue ! L'oiseau des îles, le panache en berne, avait bel et bien renoncé à toute contenance et roulait des yeux affolés en répétant que seul l'océan lui permettrait de se mettre à l'abri de ses ennemis. Enfin le coupé était devant le perron. D'un bond, Quatreterre fut à l'intérieur. À l'ordre qui claqua, le cocher lança son engin dans Paris à un train d'enfer.

Judith, qui se tenait en retrait, demeura immobile et regarda la voiture s'éloigner tandis que se perdaient, dans les bruits des roues cerclées cahotant sur le pavé parisien, les derniers cris d'un Quatreterre terrorisé à l'idée d'être privé de la lueur du jour. Saint-Val revint à pas lents vers la jeune fille et lui proposa de la reconduire à son domicile. Elle acquiesça d'un signe de tête.

Le chemin du retour se déroula dans le silence. Judith regardait fixement par la fenêtre, de crainte de croiser les yeux du jeune poète et d'y lire une forme de compassion pour l'affront qu'elle venait de subir.

Il ne rompit qu'une fois son mutisme, pour dire que Quatreterre faisait du charme comme d'autres l'aumône, que cela était dans sa nature, et aussi dans ces coutumes que l'on avait dans les îles, si différentes des étroites mœurs parisiennes.

À l'arrivée rue Saint-Jacques, cédant aux suppliques du jeune homme, Judith lui promit qu'elle pardonnerait à Quatreterre sa conduite, puis descendit précipitamment et disparut sans se retourner. Elle était prête à tout promettre pourvu qu'on la laissât en paix. Ursule lui ouvrit la porte en grognant, le bonnet aplati par le début de sa nuit, et Judith fila dans sa chambre. Elle se coucha dans le noir, et, une fois terrée sous ses draps, elle s'abandonna aux larmes qui lui venaient aux yeux. Elle renifla plusieurs fois avant que la voix d'Esther ne traversât l'obscurité.

– Tu as réussi à le voir ? demanda-t-elle d'une voix douce.

– Il s'est enfui.

– Ma pauvre, ajouta simplement Esther.

« Si tu savais à quel point... » pensa Judith en mordant le traversin pour ne pas laisser échapper ses sanglots. L'inquiétude de savoir le nom des Amelot associé à un texte indécent et la colère d'avoir été si aveugle sur les hommes et le monde se cumulaient en un chagrin infini. « Comme il a dû se moquer de moi et de ma naïveté ! Et moi qui ai cru voir une âme dans cette montagne d'égoïsme ! Lui, l'immoral, le cynique ! »

Elle se remémora ses regards insistants, sa main sur son épaule, puis son attitude méprisante chez Mme Geoffrin et cet avant-propos qu'il avait écrit, et eut envie de l'avoir en face d'elle afin de le gifler. « Si je ne l'avais pas découvert sous son vrai jour, jusqu'où aurait-il été ? » se demanda-t-elle avec effroi. Oui, il s'agissait bien d'un loup de la pire espèce, de ces loups doucereux qui étaient, Perrault avait raison, les plus dangereux.

Quand elle fut un peu calmée, elle repensa aux lettres anonymes. Il lui paraissait désormais impossible que Quatreterre en fût l'auteur. À moins que ce ne fût un mauvais tour de sa part ? Et s'il lisait ces lettres en public, comme son roman ? À cette idée, un hoquet de chagrin la secoua. Si ce soutien en vertu duquel elle avait repris l'imprimerie n'était que plaisanterie, il n'y avait plus rien à espérer. Tout était perdu. Elle avait cru un moment que l'imprimerie était en danger. Mais maintenant, c'était bien plus sérieux, c'était sa propre personne qui s'enfonçait petit à petit sous les vagues de détresse. Jamais elle ne s'était vue si petite, si vulnérable, si proche du néant.

CHAPITRE XIII

22 mars 1759

LE LENDEMAIN, Judith se réveilla avec une migraine épouvantable. Les cris d'orfraie de Nicole et quelques pas jusqu'au miroir de la chambre confirmèrent le désastre. Les yeux bouffis, le teint passé, le cheveu terne et le corps douloureux, tout son être portait les stigmates du désastre de la veille. La tête traversée par des élancements douloureux, Judith garda la chambre toute la matinée, pendant qu'Esther ouvrait la librairie et qu'Adrien nettoyait l'atelier.

Sa mère, qui monta lui porter une décoction de mélisse, s'assit quelques minutes à son chevet. Elle l'informa de ses démarches à la chambre syndicale des Libraires et Imprimeurs, rue du Foin. D'après les syndics, bien que les ouvriers, partis sans l'accord de leur maître, fussent en contravention avec les règles de la corporation, il était difficile de les obliger à revenir. Par ailleurs, ces messieurs l'avaient assurée qu'ils usaient de tout leur entregent pour hâter la libération de son mari. « Beaucoup de temps passé là-bas pour peu de résultats », conclut Violaine Amelot en soupirant.

– Je retournerai voir Balthazar demain, dit-elle avant de quitter Judith. J'espère que je ne le trouverai pas trop mal.

Ce vœu pieux n'appelait pas de réponse et Judith lui fit un signe de main navré. Sa tête était trop douloureuse pour qu'elle se penchât sur tous les problèmes des Amelot, et notamment sur la trahison de l'auteur des *Lettres du palétuvier*. Seule une pensée s'obstinait à émerger dans les brouillards de sa souffrance : son père était en train de dépérir à Vincennes, comme l'attestaient ses réflexions concernant sa succession.

Plus tard, après un dîner sommaire – carême oblige – composé d'un bouillon et d'un quignon de pain, Judith se rendormit. Tous ses ressorts étaient comme brisés, cassés. Doublement frappée par la fermeture de l'imprimerie et la perte de ses illusions, elle ne voyait pas l'intérêt de se lever. Elle sombra dans un demi-sommeil peuplé de sombres pensées qui frisaient le cauchemar. Esther la sortit de sa torpeur en entrant dans la chambre.

– Tu as reçu un courrier, annonça-t-elle d'un ton un peu envieux.

Judith reconnut immédiatement l'écriture de son correspondant anonyme, et elle ne put s'empêcher de demander avec empressement :

– On te l'a remis en main propre ?

– Non. Quelqu'un l'a déposé sur le comptoir.

– Merci, dit Judith d'une voix voulue cette fois indifférente, ce doit être un auteur.

Elle posa la lettre sur son lit et fit mine de se recoucher. Esther se retira et Judith se saisit alors impatiemment de la missive.

Mademoiselle,

La seule mouche qui pourrait importuner ces jours-ci la librairie Amelot est celle du remords. Votre colère ne cesse de se diriger contre ceux qui s'emploient à vous aider, en négligeant ceux qui s'évertuent souterrainement à miner vos intérêts. Mes sentiments vous restent entiers, et c'est éperdument que je vous prie, Mademoiselle, de vous garder des vieilles mules à frein[1] *doré.*

Votre fidèle serviteur.

---

1. Ici, mors de cheval.

À cette lecture, ce sang qu'elle croyait figé se remit à circuler. Son protecteur était toujours là, et malgré toute la douleur que cela lui causait, elle savait que ce n'était pas ce charlatan de Quatreterre, à qui elle ne souhaitait qu'une chose : que sa fuite eût été un échec et qu'il croupît à la Bastille, dévoré par la vermine !

Cette image née de sa colère lui arracha un demi-sourire et elle se délecta quelques instants à l'imaginer, son habit vert sali, peut-être même déchiré, la perruque de travers, gémissant et implorant, comme un pleutre qu'il était, un geôlier qu'elle espéra particulièrement sévère.

Elle se redressa à moitié dans le lit, et, malgré les attaques de sa migraine, tenta de déchiffrer le message. De toute évidence, il fallait y lire un avertissement. Mais quelles étaient ces « mules » vieilles et richement parées dont il lui fallait se méfier ? L'allusion était pour le moins obscure. Et cette mouche du « remords », quelle interprétation lui donner ?

Soudain, un éclair traversa son esprit et elle sauta si vivement du lit qu'elle faillit se prendre les pieds dans les draps. Une fois habillée, elle descendit et fila à l'imprimerie. Le silence et l'ordre qui régnait dans la salle de la presse lui fendirent le cœur, mais elle ne s'arrêta pas à cela et monta dans l'atelier de composition. Adrien s'y trouvait, occupé à ranger une petite colline de caractères d'imprimerie dans les casses.

– Ah, c'est vous, mademoiselle ? dit-il en l'apercevant, sans s'interrompre dans sa tâche.

– C'est triste, cet atelier désert… répondit Judith en regardant autour d'elle.

Adrien haussa les épaules.

– Ça repose, quand même… C'est qu'ils sont pas toujours commodes, les ouvriers. Ils arrêtent pas de crier contre moi, surtout Chapelle.

– J'ai remarqué. Ils ne m'aiment pas non plus.

– C'est vrai, concéda l'apprenti. Ils rigolaient bien avec cette histoire de mouche… À dire que vous étiez la mouche du coche, que vous preniez la mouche pour rien, ou qu'on ne vous attraperait pas avec du vinaigre… Ça n'en finissait pas.

– Quelle maîtrise de la langue, ironisa Judith malgré elle.

– Il n'y a que Mesliand qui participait pas à ça. Il disait juste qu'en fait de mouche la vôtre, près de l'œil, parlait à votre place. Je sais pas ce que ça veut dire. D'ailleurs, ajouta-t-il après un silence, les autres aussi, ils comprenaient pas toujours Mesliand. Il a plus de savoir qu'eux.

Judith réfléchit un instant. Elle avait eu du flair, cette référence dans la lettre à une mouche avait bien un lien avec l'atelier, où on ne la désignait que sous ce nom. Elle prit soudain conscience de l'intérêt d'interroger Adrien, qui avait vécu les derniers jours d'activité de l'imprimerie.

– Cette affaire d'avant-propos trafiqué... toi, tu n'as pas d'idée ?

– Ce qui est bizarre, c'est que Chapelle n'ait pas été au courant. Il relit tout ce qui sort de la presse, c'est une manie chez lui.

– Chapelle ? Pas au courant ? Tu te moques ! Cet hypocrite a fait comme si l'avant-propos n'avait jamais été déformé ! Et pourquoi, si ce n'est pour enterrer une affaire dans laquelle il joue un sombre rôle ?

Adrien secoua la tête.

– Il s'est défendu comme ça parce qu'au fond il se sentait accusé de pas avoir bien fait son travail. Vous savez comme il est. Et que ça vienne de vous, une fille, ça a été la goutte de trop... Mais après, il a passé un sacré savon aux autres en disant que si quelqu'un en voulait à Quatreterre, c'était pas une raison pour mettre l'imprimerie sens dessus dessous. La preuve qu'il ignorait tout !

Judith dut se ressaisir pour ne pas rester bouche bée devant les révélations d'Adrien. Elle apprenait du même coup que non seulement Chapelle n'avait pas mouillé dans l'affaire de l'avant-propos, mais aussi qu'il interprétait, tout comme elle, les incidents récents comme des attaques contre Quatreterre.

– Tu ne crois pas que cette attitude était une feinte pour se disculper à vos yeux ? demanda-t-elle, méfiante.

Adrien eut l'air dubitatif.

– Chapelle, il respecte trop votre père pour faire ça, je suis prêt à le jurer.

– Allons, tout cela va s'arranger, dit-elle pour clore la conversation.

Elle repartit d'un pas lent, remuant tout ce qu'elle venait d'apprendre. Ses maux de tête semblaient bizarrement s'atténuer devant l'afflux de nouvelles. Ainsi, Adrien, qui connaissait bien Chapelle, ne pouvait l'imaginer perpétrant un acte de malveillance envers le libraire. Mais s'il n'avait rien à voir avec tout cela, qui était le coupable ? Mesliand ? Ou alors... Judith fronça les sourcils. Quelque chose péchait dans son raisonnement. Elle considérait comme évident que le coupable était de la maison. Mais s'il venait de l'extérieur ? Elle imagina un instant le trajet d'un homme se faisant passer pour un fournisseur et s'introduisant discrètement dans la salle d'assemblage pour remplacer les premières feuilles des *Lettres du palétuvier* par d'autres, préparées ailleurs. Rien d'impossible à cela. La salle n'était d'ordinaire verrouillée que le soir, à l'heure de la fermeture. Et il n'y avait pas de vérification supplémentaire avant l'assemblage final et le départ des feuilles chez le relieur… Oui, un homme déterminé y serait parvenu. Maintenant, il y avait une seule manière de savoir si cette dernière hypothèse était la bonne : comparer la feuille de l'avant-propos avec celles de la suite du texte.

Portée par l'espoir que ses ouvriers étaient innocents, elle alla décrocher de sa cachette la clef de la salle d'assemblage. Là, elle s'empara d'un exemplaire non relié des *Lettres du palétuvier*, en détacha la première feuille, qu'elle déplia, fit de même avec une feuille du milieu du roman, alluma une bougie et entreprit de les comparer attentivement. Les deux papiers étaient d'une blancheur et d'une finesse comparables, et les vergeures[1] étaient espacées de la même manière. La typographie aussi était identique, à l'exception peut-être de cette lettre *é* dont l'accent semblait positionné un peu différemment sur les deux documents. Elle s'abîma les yeux sur ce détail troublant mais non concluant et elle allait abandonner son enquête, quand elle remarqua, sur la page de l'avant-propos falsifié, le filigrane. Prenant la feuille entre ses mains, elle se dirigea vers la lucarne pour pouvoir

1. Dans la fabrication du papier à la main, fils de laiton, très serrés et parallèles, formant une toile métallique qui retient la pâte à papier. Ces fils laissent une empreinte sur le papier – qualifié alors de « vergé ».

l'observer à contre-jour. Le dessin était particulièrement réussi et représentait un ange tenant une plume. Prenant alors l'autre feuille, elle en chercha attentivement le filigrane, et sursauta : celui-ci était différent, et portait un cœur surmonté d'une date, 1326. Ainsi, l'avant-propos n'avait pas été imprimé sur le même papier que le reste du livre ! Ce détail n'avait rien d'anodin, car, en général, on essayait d'imprimer tout le livre sur le même papier !

Elle courut au registre qui tenait un suivi des achats et stocks de papier, retrouva la trace du papier marqué d'un cœur, acheté à un fournisseur d'Ambert, en Auvergne, mais aucune d'un papier identifié par un ange nanti d'une plume. Elle resta quelques instants songeuse. Cette découverte était essentielle : si la page ne venait pas des stocks de l'imprimerie Amelot, cela signifiait que l'avant-propos avait été composé et imprimé ailleurs. Hypothèse confirmée par la légère différence entre les signes *é* des deux feuilles, qui prouvait que deux jeux de caractères avaient été utilisés. Judith poussa un long soupir de soulagement. Savoir que le sinistre avant-propos n'avait pas été imprimé chez eux était une demi-revanche sur toutes les catastrophes qui avaient fondu sur la librairie. La nécessité de voir Chapelle lui apparut soudain évidente. « Il faut qu'il sache que je ne le soupçonne pas. Et que je me réconcilie avec lui. Pour père, pour nous. » Puis la jeune fille se rembrunit : « Échauffé comme il est, il ne va pas m'écouter… » Placée devant cet écueil évident, elle hésita quelques instants. « Et si je passais par Gorgemelle ? Il a toujours été de bonne volonté. Son intercession laisserait à Chapelle le temps de la réflexion. Oui, voilà une bonne idée », se dit-elle finalement. Ne restait qu'à trouver le compositeur… mais avant tout, il lui fallait blanchir le nom des Amelot, en apportant à la censure la preuve qu'ils n'avaient pas imprimé cet avant-propos.

Les différentes démarches à effectuer étaient claires dans son esprit. Tout d'abord, elle retourna à l'atelier demander à Adrien où logeait Gorgemelle – il dut longuement fouiller dans sa mémoire avant de se souvenir de son adresse –, puis alla fureter dans le secrétaire de son père, qui, savait-elle, contenait sa correspondance. Les courriers étaient nombreux, mais, en comparaison de l'état général du bureau, ils étaient bien classés. Enfin, elle mit la main sur ce qu'elle cherchait : une lettre d'un censeur de la direction de la Librairie. Elle en parcourut rapidement le contenu.

Monsieur,

J'ai le plaisir de vous renvoyer les épreuves de l'ouvrage de votre auteur, M. de F..., Nouvelles Réflexions sur le commerce du blé en Haut Poitou. *Je vous prie de ne pas douter, Monsieur, de ma très sincère considération.*

Gaston Berlubé.

Gaston Berlubé ! Voilà ce qu'il lui fallait : le nom de cet homme de la censure que son père avait fréquemment comme interlocuteur. Lui l'écouterait. L'adresse mentionnée sur le billet, rue du Colombier, n'étant guère lointaine, elle décida de s'y rendre sur-le-champ.

Pendant le trajet qui la menait chez M. Berlubé, la jeune fille essaya de rassembler tout ce qu'elle savait sur lui. Elle n'avait pas de sympathie particulière pour les censeurs, dont le travail consistait à passer au peigne fin les manuscrits afin de déceler s'ils comportaient quelque atteinte au roi, aux bonnes mœurs, à la religion, ou encore à des particuliers. Car même si elle savait qu'ils n'étaient que de simples exécuteurs des ordres du directeur de la Librairie, M. de Malesherbes, c'était bien eux qui entravaient l'activité des libraires par leurs demandes de correction ou leur refus d'autorisation de publier, et eux également qui repéraient les auteurs prétendument mal pensants.

Pourtant, ce M. Berlubé était, d'après les dires de son

père, parmi les censeurs les plus larges d'esprit. Mieux encore, il jouissait de la confiance de son supérieur, M. de Malesherbes, qui, semblait-il, n'était jamais revenu sur ses recommandations. Cela faisait deux points en sa faveur. Occupée par toutes ces réflexions, la jeune fille ne vit pas le temps passer et cinq heures de relevée[1] venaient de sonner lorsque Judith secoua le heurtoir de la porte d'un élégant immeuble. Elle avait particulièrement soigné sa tenue et, outre ses gants de filoselle, arborait un petit tricorne de chasse qui, elle l'espérait, lui donnait plus d'autorité.

À la mention de M. Berlubé, un laquais l'accompagna jusqu'à une porte du premier étage, où un deuxième domestique la reçut courtoisement.

– M. Berlubé ? répéta celui-ci à la suite de Judith. Mais il n'est pas là.

– Mon Dieu ! s'exclama la jeune fille. Il s'agit d'une affaire de grande importance ! Quand pourrai-je le rencontrer ?

– M. Berlubé ne me tient pas au courant de tous ses déplacements. Laissez donc un billet, je le lui transmettrai.

Judith haussa les épaules de découragement. Elle

1. Cinq heures de l'après-midi (après s'être « relevé » de la sieste).

n'avait pas une seule seconde pensé rencontrer des difficultés à avoir un entretien avec ce monsieur. Elle prit la plume et le papier que lui tendait le valet et commença à écrire.

– Oh, mais vous avez de la chance ! s'écria alors le domestique. Le voilà qui arrive !

Judith regarda avec un soulagement mêlé de curiosité l'homme de taille modeste qui glissait vers elle sur le parquet ciré. Son visage disgracieux – oreilles éminemment décollées et yeux saillants aux paupières gonflées – frappait tout autant que sa tenue négligée : son habit, d'une couleur ventre-de-puce, était élimé, sa perruque jaunie, et il affichait à la naissance du cou, conformément à une mode désuète, le nœud noir d'un solitaire[1]. Judith se sentit rassurée. L'apparence du fonctionnaire le rapprochait de certains clients de la librairie qu'elle connaissait bien, une espèce fort inoffensive qui fuyait la houle des rapports humains en se réfugiant dans le calme souverain des textes.

Le censeur examina la jeune fille de bas en haut pendant que le valet la présentait :

– Voici Mlle Judith Amelot, fille de Balthazar Amelot. Elle souhaite s'entretenir avec vous.

---

1. Ruban nouant la coiffure en un petit sac et dont le nœud s'affiche devant le cou.

Berlubé, l'air étonné, enjoignit Judith de le suivre. Une fois dans son cabinet, il lui intima de s'asseoir devant sa table de travail, puis prit place derrière celle-ci, dans un fauteuil capitonné de velours grenat.

– Votre nom est actuellement au centre de bien des discussions, dit-il en guise d'introduction. Mais je ne m'attendais pas à voir l'un de ses représentants en personne.

– Oh, monsieur, croyez-bien que mon père…

– Je sais, je sais, l'interrompit le censeur. La situation de votre père nous préoccupe, mademoiselle. Son arrestation n'est pas le fait de la direction de la Librairie. Néanmoins, M. de Malesherbes est sensible à son sort et emploie tout son crédit à le sortir de ce mauvais pas.

Le ton était amical, la manière discrète, et Judith eut envie, malgré son aspect rebutant, d'embrasser le vieux bonhomme sur les deux joues.

– Je vous en remercie. Pour être honnête, jamais je n'aurais osé vous solliciter en faveur de mon père. Le sujet qui m'amène ici concerne directement la librairie. Il s'agit des *Lettres du palétuvier* et de M. de Quatreterre.

– Ah, M. Bec de Quatreterre… Il s'est fait remarquer d'une bien inutile manière. Son avant-propos est un scandaleux outrage aux bonnes mœurs, que

M. de Malesherbes ne saurait manquer de sanctionner. Il aurait déjà été entendu s'il ne s'était rendu introuvable.

– C'est pour cela que je suis venue ! Les exemplaires qui ont pu vous parvenir ont été falsifiés par un intrigant ! Ni l'auteur ni l'imprimerie Amelot n'ont jamais souhaité imprimer un tel texte. Je peux prouver que notre imprimerie n'a jamais possédé le papier sur lequel cet avant-propos a été imprimé. Regardez le filigrane, et vérifiez sur ce registre, implora-t-elle en sortant le document d'un portefeuille en cuir. Et si vous doutez de ma bonne foi, ordonnez une enquête, interrogez le papetier !

La jeune fille avait parlé sur un ton enflammé et le censeur se recula dans son fauteuil.

– Modérez votre ardeur, mademoiselle. Votre témoignage sera vérifié, bien que je ne mette pas en doute le sérieux de vos assertions. Je connais depuis longtemps la maison Amelot, elle ne saurait être inquiétée par cette affaire. Quant au sort de M. de Quatreterre, je ne puis deviner ce que décidera notre directeur. Mais soyez confiante. M. de Malesherbes est un esprit juste et tolérant, qui s'applique à ne réprimer les auteurs que dans les cas extrêmes.

– Monsieur, je ne sais comment vous remercier de votre compréhension.

Judith s'apprêtait à se lever, quand le censeur l'arrêta d'un geste.

– Concernant votre père… C'est un brave homme, mais il exerce un métier sensible par des temps troublés. Je pense à l'attentat de Damiens[1], bien sûr, et à toutes ces agitations autour de l'*Encyclopédie*.

– Mais mon père n'a rien fait !

– Quand on mange avec le diable, jeune fille, il faut se munir d'une longue fourchette… Rentrez chez vous, mademoiselle, je crois ne pas trop m'avancer en vous disant qu'il ne devrait pas manquer d'être libéré bientôt.

Les paroles étaient aimables, mais le congédiement explicite. Judith ne s'y trompa pas et salua son interlocuteur avec effusion. Cette dernière phrase avait dépassé toutes ses attentes, et elle sortit transportée de joie de son entretien. Il ne lui restait plus qu'à s'expliquer avec Gorgemelle. Elle héla un fiacre, à qui elle donna l'adresse de la rue des Lions, de l'autre côté de la Seine, où vivait le bonhomme, et pendant tout le trajet, se réjouit de la bonne nouvelle qu'elle rapporterait bientôt chez elle.

---

1. Lors de cet attentat, Damiens blessa Louis XV d'un coup de couteau. Suite à cet événement, le Parlement de Paris proclama en avril 1757 un édit « punissant de mort ou des galères ceux qui seront convaincus d'avoir, sans permission, composé ou fait composer, imprimé, colporté ou répandu des livres tendancieux ».

CHAPITRE XIV

Il FAISAIT DÉJÀ NUIT quand la jeune fille arriva à destination. La maison dans laquelle elle s'engouffra, haute de quatre étages, était fort délabrée et sans vitres aux fenêtres, remplacées par des feuilles de papier huilé. D'après Adrien, Gorgemelle vivait au dernier étage avec sa femme et ses quatre enfants, et Judith commença à gravir les marches en tâtonnant, faute de lumière. Des différents appartements perçaient des cris d'enfants, des éclats de rire bruyants, des invectives. La jeune fille sentit à plusieurs reprises des rats ne s'écarter que mollement de son passage, mais elle poursuivit, malgré son dégoût, sa pénible montée de l'escalier, raide et empuanti par les odeurs qui sortaient des logements. Enfin, elle parvint à son but. Après avoir trébuché une dernière fois sur les carreaux descellés du palier, elle toqua à la porte sur laquelle était épinglé le nom de Gorgemelle.

Elle ne put tout d'abord discerner les traits de la femme âgée qui lui ouvrit, tant les chandelles allumées diffusaient plus de fumée que de lumière. Ce n'est que plus tard, quand elle eut le loisir de l'examiner avec attention, qu'elle remarqua qu'elle n'avait pas plus d'une trentaine d'années. Les cheveux emmêlés, la figure noircie, la robe tachée accusaient soit la pauvreté, soit la négligence, et le marmot baveux qui s'agrippait à elle n'était guère mieux arrangé.

– Je voudrais parler à M. Gorgemelle, dit Judith.

La femme la dévisagea et lui lança sans aménité :

– C'est pour quoi ?

– Je suis Judith Amelot, de la librairie

– Ah… il est pas là.

– Je peux peut-être l'attendre ?

– Si vous voulez. J' vous préviens, ça peut être long.

Judith entra, et se colla dans un coin de la pièce pendant que la femme du compositeur retournait à son fourneau.

Une table bancale, quelques chaises en paille dépareillées, un petit poêle et un coffre constituaient l'essentiel du pauvre mobilier. Le carreau était nu et n'avait pas dû voir depuis longtemps la moindre goutte d'huile de lin. Dans un coin, une sorte d'alcôve, à demi fermée par des rideaux d'un jaune passé, masquait une paillasse. Le fumet qui sortait du pot en terre posé sur le fourneau contrastait étrangement avec la pauvreté sordide des lieux.

« C'est donc ici que vit Gorgemelle ? Mais c'est incroyable, il n'est pas réduit à cette misère par le salaire que lui verse père ! » songea Judith. Pour masquer la gêne dans laquelle la plongeait l'état des lieux, elle entreprit de parler à la femme, qui lui tournait le dos.

– Ça sent bon, dit la jeune fille.

– C'est des regrats[1] que j'ai achetés pas chers aux Halles. Faut bien nourrir son homme qui travaille dur... Même s'il a ben changé, le Gorgemelle. Ah ! il était pas comme ça au début, à m' faire sans cesse des reproches et à vouloir un tas de choses incroyables qu'on dirait des rêves...

Judith nota l'amertume dans sa voix. Pour faire diversion, et parce qu'elle répugnait à entrer dans la vie intime de l'ouvrier de son père, elle demanda :

– Votre mari a retrouvé du travail ?

À cet instant, la mère de famille se retourna et lui lança un regard étonné.

– Il travaille plus chez vous ?

– Non, si... bredouilla la jeune fille, consciente d'avoir commis un impair. Ce n'est pas simple à expliquer.

---

1. Aliments ayant déjà été servis à la table de gens aisés.

– Il m'a même dit qu'il avait été augmenté ! On mange mieux, ces jours-ci.

« Gorgemelle a retrouvé du travail bien vite. Tant mieux pour lui, après tout », pensa la fille du libraire.

L'attente s'éternisa et, à un soupir de Judith, la femme déclara que son mari, en vieillissant, se faisait de plus en plus désirer. Enfin, on entendit le pas lourd de Gorgemelle et la porte grinça. Quand l'ouvrier apparut sur le seuil, la jeune Amelot eut un geste de surprise. La chevelure frisée et coiffée de près, l'habit impeccable, la montre apparente, Gorgemelle semblait presque déplacé dans cette habitation sordide. Un sourd malaise l'envahit. L'ouvrier, quant à lui, maîtrisa un mouvement de recul en la voyant, puis un sourire se dessina sur son visage violacé.

Il approcha, d'un pas plus leste que de coutume, entouré d'effluves de parfums trop forts.

– Tiens tiens, c'est la petite Amelot qui vient nous voir. Manon, laisse-nous. Allez, grouille, va faire un tour !

Judith, interloquée, regarda la bonne femme sortir avec son rejeton en morigénant son mari et la terre entière de ce que son souper allait être brûlé.

– Eh bien, qu'est-ce que nous venons faire dans mon petit nid ? demanda alors Gorgemelle d'un ton mielleux, en se rapprochant d'elle.

– Je venais vous donner des nouvelles de l'imprimerie.

Mais je ne veux pas vous déranger, dit Judith, en essayant de contenir son trouble.

– Tsssitttt, mais non mais non, vous ne me dérangez pas, bien au contraire, fit Gorgemelle en sifflant doucement entre ses dents.

Le malaise de la jeune fille grandissait. Elle était venue ici dans l'idée de demander à Gorgemelle de l'aider à raisonner Chapelle. Mais ce qu'elle avait en face d'elle, ce n'était pas le Gorgemelle de l'imprimerie, c'en était un autre, et un autre qui ne lui inspirait aucune confiance.

– Alors, mademoiselle Amelot, on a perdu sa langue ? Elle est pourtant bien pendue d'habitude... Qu'aviez-vous donc à me raconter ? insista le compositeur en la regardant fixement.

Judith, désireuse de s'échapper au plus vite de cette situation, lâcha subitement :

– C'est que... j'ai découvert la vérité au sujet de l'avant-propos de M. de Quatreterre !

Gorgemelle eut une sorte de haut-le-corps, puis un mauvais sourire s'afficha sur ses lèvres.

– Ah oui... rétorqua-t-il d'un ton toujours onctueux, en s'approchant imperceptiblement. Et vous en avez parlé à quelqu'un d'autre ?

– Euh... non, justement, je voudrais que vous et moi...

– Ah, vous et moi… voilà un fort beau sujet… susurra Gorgemelle, comme satisfait de sa réponse.

Son sourire découvrit deux dents en or, sans doute récentes, car Judith ne les avait jamais vues. Cela n'arrangeait pas sa physionomie, au contraire, il ressemblait à… En un éclair, elle comprit : en face d'elle se tenait une « vieille mule à frein doré » ! Elle sentit soudain la peur l'envahir.

– … mais malheureusement, il ne m'intéresse pas, ou plutôt, il ne m'intéresse plus, continua l'autre sur le même ton d'apparente confidence. Car voyez-vous, pour moi, c'est du passé, vous, votre imprimerie et la rue Saint-Jacques. D'ailleurs, je vous avais bien oubliée, j'avais point prévu de… Mais bon, on va s'arranger quand même, hein, la petite Amelot ?

Dans la voix de l'homme perçait maintenant la menace. Judith regarda autour d'elle, mais il n'y avait aucune issue en dehors de la porte d'entrée, et Gorgemelle se tenait devant, se balançant lentement sur ses courtes pattes. Il la dévisagea en faisant une nouvelle grimace sournoise.

– Ah, elle peut chercher, la mouche, c'est qu'elle est prise au piège, et pour de bon ! Mais il faut qu'elle se console, parce que c'est la dernière fois qu'elle le voit, le Gorgemelle, dans son dernier étage mangé par la vermine !

Judith, la gorge serrée, acquiesça à tout hasard, peu à peu affolée par le mouvement lent, visiblement incontrôlé, du compositeur. On aurait dit un animal préparant une attaque.

– Elle est d'accord, la mouche ! dit-il d'un ton réjoui. Mais c'est parfait, qu'elle le regarde bien, parce que après c'est fini. Disparu, le Gorgemelle, projeté ailleurs, dans un autre avenir, avec de l'argent ! Elle comprend ça, qu'il aime l'argent et qu'il en a besoin pour se refaire une vie ?

La jeune fille, effarée, se rendit compte que l'homme parlait de lui à la troisième personne. Elle pensa alors qu'il était devenu fou, et que cette folie la menaçait directement. Il s'avança encore vers elle, le regard fixe. Judith recula instinctivement, mais l'ouvrier s'approcha et, d'un geste vif, lui attrapa le bras et le tordit violemment. Elle poussa un cri de douleur qui sembla amuser celui qui, en quelques instants, s'était transformé en tortionnaire. Coincée contre le mur, le poignet serré dans un étau, elle haletait sous l'effet de la souffrance. Jamais elle n'aurait imaginé que le vieux compositeur cachait tant de force.

Gorgemelle eut un petit rire narquois.

– Elle peut vrombir, la mouche, ici, ça n'étonnera personne ! Les voisins, ils ont l'habitude d'entendre la Manon crier ! Quand elle m'agace trop, je la frappe, la drôlesse, et ils ne disent rien. C'est qu'ils ont bien vu, les autres, qu'il en avait, des relations, le Gorgemelle. Ah, c'est curieux, hein ? Mais oui, il en connaît, des gens, des gens haut placés, qui l'ont aidé et l'aideront encore !

La panique avait maintenant envahi l'esprit de Judith. La poigne de l'homme était solide, et le seul geste qu'elle fit pour se débattre augmenta encore la douleur. Reprenant son souffle, elle dit :

– Mais vous êtes devenu fou ! Qu'est-ce que je vous ai fait ?

– Vous avez encore voulu jouer à la fine mouche, et c'est une fois de trop. Et c'est pour ça que vous allez faire la connaissance des caves, elles sont profondes, humides et nul n'y descend jamais… Non, non, je ne vais pas vous frapper, juste vous oublier derrière moi. Pour le reste, les rats s'en chargeront. On va descendre l'escalier tous les deux, si par hasard vous criez, cela n'inquiétera personne, je vous l'ai déjà dit… Oh, mais une idée me vient, attendez un peu…

Tout en tenant Judith, cassée en deux par sa poigne de fer, il attrapa un vieux chiffon qu'il lui enfourna dans la bouche. Après un coup d'œil par la fenêtre sur la rue enténébrée, il dit :

– Allons, il est temps de descendre, Manon risquerait de rentrer, et je serais aussi obligé de la faire taire…

Il ouvrit la porte et poussa la jeune fille devant lui, ses deux poignets désormais enserrés dans une seule de ses larges mains.

Le cœur haletant, dégoûtée par la proximité du corps enflé et exhalant l'essence de muguet de Gorgemelle, Judith fut portée plus que poussée dans les escaliers. Le compositeur asthmatique qui la serrait sans relâcher soufflait vite et fort tout en lançant régulièrement des jurons. Judith, voyant ses efforts pour se libérer inutiles, affecta la résignation et se laissa emporter.

À son désespoir, ils ne rencontrèrent âme qui vive dans la cage d'escalier et ils se trouvèrent bientôt dans le couloir du rez-de-chaussée devant une porte à claire-voie d'où sortait une odeur de vase intenable. Elle se rappela alors que la rue des Lions n'était qu'à un jet de pierre du quai des Célestins et de la Seine. L'obscurité était à peine atténuée par une lueur provenant sans doute de la rue.

Pour ouvrir la porte de la cave, Gorgemelle dut la quitter du regard. Judith, dans un brusque mouvement des bras, projeta la main qui la retenait prisonnière contre le mur rugueux. Le compositeur poussa un grognement de douleur et lâcha sa prise. La jeune fille, se sentant soudainement libre, se précipita en direction de la lumière. C'est à ce moment qu'elle buta sur un obstacle qui l'aurait fait tomber au sol si une main ferme ne l'avait retenue.

Atterrée d'avoir été rattrapée par un comparse de Gorgemelle, elle leva les yeux sur l'individu qui l'avait stoppée dans sa course, mais le manque de lumière ne lui permit pas de voir son visage.

– Tiens tiens, te voilà au bon moment ! susurra l'asthmatique en s'approchant du nouvel arrivé, comme s'il l'avait reconnu.

– On dirait bien, répondit ce dernier sans bouger.

Le cri de Judith fut étouffé par le chiffon qu'elle n'avait pas eu le temps d'ôter. Elle venait de reconnaître cette voix. Celui qui la retenait n'était autre que Mesliand !

– Rends cette fille à Gorgemelle, et oublie que tu es venu ici.

La voix incisive, menaçante, se rapprocha. Mais soudain, Judith sentit Mesliand faire un mouvement vif. Une note métallique et légère se prolongea et elle devina qu'il avait sorti une épée de son fourreau.

– Ce n'est pas toi que je cherchais. C'est elle.

La réponse de Mesliand était calme, comme évidente, et Judith grimpa au plus haut point de l'inquiétude. Que lui voulait donc le Rouennais ?

– Oh oh ! Mais voilà une attitude qui n'est pas de mise entre deux compagnons, murmura Gorgemelle, changeant visiblement de pied devant la menace de l'arme. Allons, rends-la-moi, tu ne seras pas déçu. Et range ton épée, tu pourrais te blesser !

– Qu'est-ce que j'ai à y gagner ?

Judith respirait difficilement et des frissons parcouraient son corps. « Me voilà devenue un objet de marchandage entre deux coquins ! » pensait-elle avec désespoir.

– La fin de ta vie de singe[1], dit Gorgemelle.

– Mais encore ?

– Les faveurs d'un homme puissant...

– Qui ? demanda Mesliand.

– Le nom importe peu. Il avance dissimulé, bien sûr. Un proche du roi, cela devrait te suffire.

– Celui qui met à terre la famille Amelot ? Je n'ai pas besoin des faveurs d'un tel homme.

– Tu veux jouer au saint. Mais tu partages bien quelque chose avec lui : ta haine de Quatreterre. Et toi aussi, tu as fait des choses pas jolies jolies, hein !

Le tressaillement de Mesliand se communiqua à Judith.

Gorgemelle, sentant un point faible, continua, onctueux cette fois :

---

1. Surnom des ouvriers compositeurs, probablement dû au mouvement rapide et incessant de leur main lors de la composition.

– Pourrais-tu nier, devant cette demoiselle ici présente, que tu m'as fourni le vilain avant-propos de Quatreterre ? N'est-ce pas toi qui m'en as fait cadeau après l'avoir découvert à la fin du manuscrit ?

– Jamais ! (Le cri de Mesliand fut virulent.) Jamais je ne te l'aurais confié si j'avais imaginé que tu te servirais de ce texte ordurier !

– Ha, ha, ricana Gorgemelle, tu es d'une telle naïveté ! Je comprends pourquoi tu l'aimes ! Deux fleurs bleues réunies, quel joli paysage !

Une vibration métallique traversa l'air. Mesliand avait fait passer la jeune fille derrière lui pour la protéger et poussait Gorgemelle contre le mur, la pointe de l'épée fichée au creux de sa gorge.

– Je ne supporte plus tes insultes. Si j'appuie un peu sur ma garde, tu te videras de ton sang en quelques secondes.

Gorgemelle se taisait. Il sentait son sang bouillonner et se presser autour de l'acier froid qui lui mordait les chairs.

C'est d'une voix étranglée qu'il dit enfin à son ancien collègue :

– Si tu ne laisses pas partir Gorgemelle, le père Amelot ne sortira pas de Vincennes. C'est donnant, donnant. En échange de la liberté du père Amelot, Gorgemelle veut quelques heures pour filer. Plus de

Gorgemelle, plus de problèmes, et le père à la librairie dans les jours à venir.

La respiration de Judith s'arrêta net. Ce que venait de dire Gorgemelle ne pouvait la tromper. Il était lié à l'arrestation de son père ! C'était invraisemblable, inimaginable ! Comment ce misérable compositeur... Mesliand sembla lui aussi saisi. Il hésita et Judith le sentit trembler légèrement.

– File, finit-il par dire avec mépris. Va mener ta vie de cancrelat le plus loin possible ! Que je ne te revoie jamais à Paris ! Et si tu ne tiens pas parole, je saurai où te retrouver.

Gorgemelle détala comme un rat d'égout. Sa grosse masse les frôla dans le noir, laissant derrière elle ses effluves écœurants de muguet. Mesliand abaissa son épée et se retourna vers Judith.

– Pouvez-vous marcher ? lui demanda-t-il doucement, presque à l'oreille. Je crois que vous ne risquez plus rien, mais il est plus prudent de nous éloigner.

Judith arracha son bâillon et étouffa un sanglot. Ses jambes étaient flageolantes et elle doutait de pouvoir faire un pas. L'émotion la submergeait au point qu'elle ne parvenait pas à percevoir si le danger avait complètement disparu. Elle balbutia cependant un oui, et la main de Mesliand enserra la sienne pour la tirer lentement vers la faible lueur de la rue.

– Ne vous en faites pas, tout est fini, répéta le compositeur à plusieurs reprises pendant qu'ils progressaient vers la sortie.

CHAPITRE XV

EN DÉBOUCHANT DANS LA RUE, Judith eut l'impression de sortir d'un puits interminable. Elle frissonna dans le vent froid qui dissipait les dernières puanteurs de vase. La flamme vacillante d'une lanterne projetait les ombres de quelques rares passants au pas hâtif. Mesliand, resserrant son étreinte, l'entraîna loin du logis de Gorgemelle. Incapable de penser, elle le suivait docilement en écoutant sa voix à la fois familière et nouvelle.

Ils arrivèrent le long de la Seine et la jeune fille reconnut le port Saint-Paul. Soudain, l'épuisement la fit trébucher et Mesliand, sentant sa faiblesse, l'aida à s'asseoir sur une grosse pierre qui servait d'amarre, non loin d'un halo de lumière. Ils restèrent un moment silencieux. Le clapotis de l'eau et des rires lointains de matelots rendirent à Judith une partie de son calme. La scène de la rue des Lions avait éclairci et compliqué bien des choses. Mais elle craignait, par ses questions, de blesser Mesliand, qui, seule certitude, venait de la sauver des griffes de Gorgemelle. À la pensée du terrible marché proposé par celui-ci, elle rompit le silence, les yeux fixés sur le sol :

– Croyez-vous que Gorgemelle a vraiment le pouvoir de faire libérer mon père ?

Mesliand contemplait son délicat profil. Le cœur serré, il lui avoua dans un souffle :

– Je n'en ai aucune certitude, Judith. Accepter ce marché était le seul moyen d'être sûr de ne pas lui nuire. J'aurais préféré vous éviter cette confrontation Mais j'avais l'intuition que Gorgemelle aurait de nombreuses révélations à nous faire. Et puis je n'avais que cela pour que vous sachiez que j'étais innocent.

– J'ai été aveugle et injuste… murmura Judith. Je me suis trompée sur vous.

– Je ne vous reproche plus rien, répondit doucement Mesliand. Mon unique souhait a toujours été de vous aider et je crois enfin y être parvenu.

À ces mots, une sorte de plénitude emplit sa voix, qui s'affermit :

– Mais il y a eu des faux pas.

– Que voulez-vous dire ? demanda la jeune fille, intriguée par ces sous-entendus.

Ce subtil dosage de respect et de fierté… c'était tellement troublant…

– Je n'ai compris que très tardivement les menées souterraines de Gorgemelle. C'est un homme beaucoup plus subtil qu'il n'y paraît. Son abord bonasse de père de famille cache une grande propension à manœuvrer ceux qui l'entourent. Les défauts de l'Ovide, c'était lui. Il avait volontairement renversé des miettes sur ma forme en mon absence, et quand je m'en suis rendu compte, il m'a supplié de ne pas le dénoncer, en plaidant l'erreur due à sa maladresse, à son âge... Je l'ai cru. Son objectif était en fait de me discréditer pour que vos soupçons se portent ensuite plus facilement sur moi. Quant au second avant-propos de Quatreterre, que j'ai découvert dans le manuscrit, visiblement laissé là par erreur, il a dû discrètement le faire imprimer et placer ces mauvaises feuilles dans les liasses à relier. Mais avant cela, il a eu l'habileté d'ébruiter ma découverte pour remonter tous les ouvriers contre votre auteur.

– C'est pour cela que Chapelle a accusé Quatreterre... J'étais donc la seule à ne pas savoir que ce texte avait bien été écrit par lui, se désola Judith.

– Je vous avoue que c'est alors que cet individu m'est devenu insupportable.

– Pourtant, même avant, vous étiez furieux contre lui. Je l'ai remarqué dans le cabinet de travail de mon père.

La voix de Mesliand se chargea de colère pour répondre :

– Oui, sa fatuité et son sans-gêne me révoltent. C'est moi, dans un accès de rage, qui ai écrit ces vers injurieux sur le mur de la librairie. Accès que j'ai amèrement regretté en assistant ensuite à des manœuvres autrement plus graves contre Quatreterre…

– Il n'est pas sans mériter votre mépris…

– Vous avez enfin ouvert les yeux ?

Il resta quelques instants silencieux, un demi-sourire aux lèvres, puis reprit :

– Que vous me soupçonniez au sujet de l'avant-propos a été pour moi comme un coup de poignard. J'étais fou ! Sans doute ne vous rendiez-vous pas compte à quel point j'œuvrais pour vous à l'atelier. J'avais pourtant, à plusieurs reprises, convaincu Chapelle de ne pas partir en claquant la porte ! De plus, je surveillais Gorgemelle, que je suspectais de comploter, sans comprendre ses objectifs. Son changement de train de vie m'intriguait. Il avait acheté une montre, un habit neuf, était devenu coquet… Mais après le départ des ouvriers, cela n'a plus été possible. J'ai quitté l'imprimerie en rage, bien décidé à vous oublier… Rassurez-vous, cela n'a duré qu'une journée. J'avais l'impression de trop en savoir pour me taire. Et puis je m'inquiétais pour vous. C'est là que j'ai décidé de vous mettre en garde, à mots couverts.

– Vous êtes l'auteur du billet...

– *Des* billets.

Judith ne sut que répondre. Devant ces révélations, il lui semblait que son horizon se libérait, que les épais nuages noirs qui l'avaient encombré s'effilochaient. Celui qui se tenait à côté d'elle était ce cœur pur, généreux, qui avait su la soutenir au cours des dernières semaines ! La jeune fille se leva, et fit quelques pas avant que Mesliand ne la rejoigne et ne lui prenne délicatement le bras. Songeuse, elle ne pensa même pas à s'y opposer.

– Votre mention de la mouche, dans le dernier billet, a été essentielle, expliqua-t-elle enfin. J'ai compris qu'il fallait que je cherche des indices à l'imprimerie. C'est Adrien qui m'a éclairée sur Chapelle, sur vous... et c'est grâce à lui que j'ai découvert que l'avant-propos n'avait pas été imprimé chez nous.

– Gorgemelle n'aurait jamais pu le faire rue Saint-Jacques. Chapelle contrôle toutes les formes avant qu'elles ne soient imprimées. Quant à Adrien, vous lui devez une fière chandelle. C'est lui qui m'a prévenu que vous cherchiez Gorgemelle, tout à l'heure. J'ai immédiatement pensé que cela pouvait mal tourner.

– Mais pourquoi Gorgemelle a-t-il fait cela ?

– Je ne vois qu'une explication. Gorgemelle a été grassement payé pour compromettre Quatreterre par tous les moyens possibles. La découverte de l'avant-propos licencieux a été une occasion en or sur laquelle il a sauté. En le faisant imprimer et en parvenant à distribuer une quantité non négligeable de ces exemplaires vérolés, il parachevait la chute de votre auteur.

– C'est incompréhensible, il travaillait depuis des années pour mon père. Je me demande quel est l'homme qui l'a convaincu d'une telle traîtrise…

– Un homme prêt à tout, apparemment. Car, selon toute évidence, celui qui a payé Gorgemelle et celui qui a fait envoyer votre père en prison ne sont qu'un seul et même individu.

– Mais pourquoi s'attaquer à mon père ?

– Pour moi, M. Amelot a été victime d'une lutte souterraine opposant Quatreterre à l'un de ses influents ennemis. Celui-ci, assez perspicace, aura voulu détruire ce qui compte le plus pour lui : ses écrits. Mais voyant que l'arrestation de l'imprimeur n'empêchait pas l'impression des *Lettres du palétuvier* – soit dit en passant, à cause de vous et de votre décision de prendre la place de votre père –, il a acheté Gorgemelle pour continuer son œuvre destructrice de l'intérieur.

– Mais c'est terrible ! s'exclama Judith. Nous sommes la cible d'un homme assez puissant pour obtenir du roi une lettre de cachet ! Et assez cruel pour faire enfermer un honnête homme !

– Le monde est malheureusement empli de cette sorte d'individus, prêts à tout pour parvenir à leur fin. Même la vie d'un homme compte peu pour eux.

Les deux jeunes gens se turent. Ils étaient parvenus au pont Marie, qu'ils empruntèrent pour traverser l'île Saint-Louis. À la faveur des lanternes du pont, Judith observa Mesliand du coin de l'œil. Ses cheveux noués par un catogan lui dégageaient le visage, mettant en valeur son front droit, ses traits volontaires. Elle avait la curieuse impression de ne l'avoir jamais regardé. Comme il est étrange, se dit-elle, que l'on puisse, sur un jugement hâtif, ignorer les plus grandes qualités des êtres qui vous entourent.

– Vous êtes un singulier compagnon, ne put-elle s'empêcher de déclarer. Hier, presque muet, effacé. Ce soir, un bretteur[1] et un orateur. Que serez-vous demain ? Qui est le vrai Mesliand ?

Celui-ci rit, sans doute sensible au compliment détourné, avant de répondre avec une sincérité vibrante :

– Le Mesliand d'hier était un homme qui ne s'était pas remis du choc de vous avoir rencontrée. C'était il

1. Personne qui sait se battre à l'épée.

y a près d'un an, lors de ma première visite à votre père, lorsque je cherchais encore du travail. Vous en souvenez-vous ?

- Non, avoua Judith avec confusion.

- Cela ne m'étonne pas. Vous étiez seule dans la boutique avec Nicole. Vous lui lisiez un extrait de *Phèdre*. Nicole n'avait pas l'air passionnée, dès qu'elle m'a vu sur le seuil, elle a bondi pour m'ouvrir la porte. Vous, en revanche, vous n'avez pas même levé la tête. Vous étiez ailleurs, toute votre personne appartenait à la tragédie. J'ai encore en moi votre voix fiévreuse déclamant ces vers : « Je le vis, je rougis, je pâlis à sa vue ; Un trouble s'éleva dans mon âme éperdue ; Mes yeux ne voyaient plus, je ne pouvais parler ; Je sentis tout mon corps et transir et brûler. » Comment aurais-je pu mieux exprimer ce que je ressentais…

– Je me rappelle cette lecture…

– Nicole m'a conduit au cabinet de votre père. Ensuite, je ne vous ai plus revue. Mais pour moi, l'évidence était là : vous étiez la femme dont j'avais toujours rêvé. Votre visage d'abord, votre passion pour les lettres ensuite, votre audace enfin, tout en vous semblait avoir été dessiné pour moi. Cela a été un choc terrible, puisqu'il m'a laissé totalement démuni, presque sans voix… du moins en votre présence.

– Pourquoi être resté anonyme dans les billets ?

En disant cela, Judith se mordit la langue. Aurait-il signé ses lettres qu'elle serait restée aveugle à la noblesse de son âme. Elle n'aurait vu que l'identité de son auteur, le scandale d'un ouvrier courtisant la fille de son maître. Elle aurait pensé qu'il était un malappris ou un ambitieux, et elle aurait demandé à son père de le mettre à la porte !

– Vous savez comme moi qu'il le fallait. Pourtant, il y a bien une fois où j'ai failli me jeter à vos pieds et vous avouer mon amour... C'était un jour de la fin janvier. Ce matin-là, je n'ai pas été à l'imprimerie et je vous ai suivie lors de l'une de vos courses dans Paris dans l'espoir de réussir à vous parler. Mais peu de temps après votre départ, vous avez eu l'air furieuse. Vous avez agité votre main dans tous les sens... J'ai senti que ce n'était pas le moment de vous aborder.

– On m'avait mis un chiffon imbibé d'encre dans la poche. Je n'ai jamais su qui avait fait cela.

– Je n'en sais rien. Adrien, peut-être, commandé par les autres. Il n'était pas rare qu'ils lui imposent des épreuves, juste pour rire, de lui ou de vous. Ensuite, l'occasion ne s'est pas présentée avant que vous n'arriviez au Palais de justice. Là, je vous ai vue si bouleversée que j'ai abandonné. J'ai décidé alors de me murer dans le silence.

Judith se rappela le jour où *De l'esprit* avait été brûlé par le bourreau. Comme elle avait été choquée par cette scène ! Et pourtant, cet événement était bien le moindre de tous ceux qui s'étaient succédé en quelques semaines. Tout en parlant, les deux jeunes gens étaient arrivés devant la librairie Amelot. Mesliand saisit le heurtoir de la porte qui menait au logement familial et frappa trois coups. Judith prit conscience qu'il allait partir et un long tressaillement la parcourut. L'obscurité semblait menaçante, chargée du fantôme épais et odorant de Gorgemelle.

– J'ai peur que vous ne me quittiez. Le monde est si hostile. Et si Gorgemelle revenait...

– Je ne le crois pas, assura Mesliand. Mais ne vous inquiétez pas, cette nuit, je vais rester à veiller dans la rue, et dès demain, j'irai raconter toute l'affaire à Chapelle. C'est un homme dur, mais consciencieux. Il reviendra.

Sur ces derniers mots, il prit la main de Judith et l'effleura de ses lèvres. Il disparut avant qu'Ursule n'apparaisse.

CHAPITRE XVI

23 mars 1759

MESLIAND FUT DE RETOUR dès le lendemain matin. Pas seul : avec Chapelle. Tous deux, aidés d'Adrien, entreprirent de rouvrir l'atelier et de nettoyer les lieux. Leurs voix masculines et leurs claquements de portes réveillèrent Judith en milieu de matinée. Stupéfaite, elle s'habilla et rejoignit sa mère et ses sœurs qui devisaient gaiement avec le prote dans la cour.

– Alors, par quoi on reprend ? disait ce dernier d'un ton jovial, clignant même de l'œil d'un air entendu.

– Monsieur Chapelle, je ne peux que vous remercier d'être revenu, répondit Violaine Amelot, confuse et visiblement soulagée.

– Oh, c'était rien qu'un malentendu. Il a juste fallu que Mesliand le dissipe. On a perdu Gorgemelle dans l'affaire, mais Poinçon et Banneau seront là dès demain.

Judith n'en croyait pas ses oreilles. Chapelle était de retour, prêt à remettre l'imprimerie en ordre de marche, et en deux mots, il venait d'enterrer Gorgemelle ! Comme cela paraissait simple ainsi… Mesliand avait fait du bon travail.

C'est alors que celui-ci sortit de l'imprimerie. À sa vue, toutes les émotions de Judith rejaillirent et elle se sentit traversée par un souffle de panique. Elle n'avait pas eu le temps de réfléchir à ce qu'elle ferait des découvertes de la nuit. Encore moins à ce que dirait le compositeur. Le regard intense qu'elle échangea avec lui suffit à sceller leur pacte. Que pouvaient-ils raconter ? Que Balthazar Amelot avait été trahi par l'un de ses ouvriers poussé au crime par l'appât du gain ? Que c'était ce traître qui leur avait garanti sa liberté ? Que celui qui avait armé son bras restait inconnu, dissimulé par les brumes dont il avait su entourer son acte ? Quant à ce qui les concernait directement, il était encore moins possible de l'évoquer…

D'ailleurs, Judith eût-elle voulu décrire ses sentiments qu'elle n'y serait pas arrivée. Plus elle y réfléchissait, moins elle parvenait à démêler leur écheveau complexe. L'inconnu qui lui avait écrit, qui avait fait battre son cœur, qui l'avait soutenue pendant toute cette bataille s'était enfin démasqué. Mais l'image du compositeur était brouillée. Le Mesliand de la rue des Lions, celui qui l'avait arrachée des griffes de Gorgemelle, peinait à prendre le pas sur le Mesliand qu'elle avait connu à l'imprimerie. Pis, c'était encore le visage de Quatreterre qui venait coïncider avec ses émois de lectrice des billets anonymes. Quatreterre… sa trahison continuait à l'ébranler, entre amertume de la déception et méfiance envers ses propres élans.

Non, elle ne savait que dire, et le mieux était sans doute de se recroqueviller sur elle-même et d'attendre que le temps effaçât ses plus cruelles blessures. Peut-être alors la vérité apparaîtrait-elle…

Les jours qui suivirent, Judith demeura ainsi dans une certaine réserve à l'égard du compositeur. Loin de sembler lui en vouloir, Mesliand afficha une bonne humeur et une énergie sans pareilles. À l'imprimerie, il était partout, composant pour deux, secondant Judith comme Chapelle. Sa connaissance du métier était un précieux atout, son calme faisait de lui le maillon indispensable entre les caractères irascibles de Chapelle et de Judith. La jeune fille regardait avec un mélange d'admiration et d'incrédulité cet homme se révéler. Avec lui, l'imprimerie familiale semblait si facile à faire tourner !

Enfin, Balthazar revint, à la grande surprise de la famille. Épuisé, amaigri, mais heureux de retrouver les siens. Toute la famille Amelot s'empressa pour lui faire oublier ses semaines de captivité. Chacun tut les malheurs de la librairie en son absence ; Judith passa sous silence tant ses découvertes que ses cauchemars répétés, mosaïques d'images tourbillonnantes où se fondaient la face convulsionnée de Gorgemelle, les couloirs puants de son taudis et le visage impuissant de son père… L'important, c'était bien son retour, la famille finalement réunie et même plus soudée que dans le passé, les affaires qui rentraient dans l'ordre, les créditeurs rassurés, les commis qui défilaient à nouveau pour livrer ou emporter des ouvrages, et les coups de la presse qui ébranlaient les fondations. Oui, voilà où était l'important, comme le pensa du moins la jeune fille dans les premiers temps.

Le retour du maître imprimeur diminua le rôle d'ouvrier de Mesliand à l'atelier, et ce fut l'homme que Judith regarda. Son regard attentif, voilé par la moindre inquiétude pour la jeune fille, ses réponses avisées et ses innombrables attentions lui devinrent indispensables. Elle ne ratait pas une occasion de se faufiler à la salle de composition, où il était désormais seul. Et de questions techniques en considérations commerciales, elle en fit peu à peu le confident de ses cauchemars, de ses doutes et de ses craintes. Elle se sentait raisonneuse à l'excès, moins sûre d'elle, moins batailleuse. Son ami, comme elle osait l'appeler maintenant, savait trouver les mots justes pour la rassurer.

Malgré ces confidences, ni lui ni elle n'étaient revenus sur la nuit qu'ils avaient vécue ensemble. Comme s'il en avait alors trop dit, le jeune homme continuait à taire les sentiments qu'il éprouvait à son endroit. Judith souffrait de ce silence sans oser le rompre. Elle appréciait la présence du compositeur à ses côtés ; sa seule vue suffisait à dissiper les brumes douloureuses de ses nuits agitées. Pour autant, était-ce de l'amour ? Pouvait-elle dignement répondre aux aspirations de Mesliand après avoir échoué à le comprendre ? Elle avait reçu ses lettres, les avait aimées, mais par manque de discernement, elle s'était trompée, elle n'avait pas su mettre le bon visage sur les mots qui l'avaient transportée. Et cette erreur ne cessait de la troubler quand les sourires enjôleurs de Quatreterre venaient se superposer au visage de Mesliand.

Un matin, Balthazar Amelot demanda à sa fille d'aller chez un client pour apporter quelques exemplaires d'un ouvrage fraîchement imprimé. Les événements récents l'ayant rendu prudent, il demanda à Mesliand de l'accompagner. Pour la première fois depuis la nuit du drame, Judith et le compositeur se retrouvèrent seuls hors de la librairie. Ils cheminaient en silence lorsque la jeune Amelot dit pensivement :

– Je ne vous ai jamais demandé votre prénom.

– Pour vous, je n'étais qu'un ouvrier de l'imprimerie…

Les yeux de Judith s'emplirent de larmes. Elle sentait qu'elle aurait dû se jeter dans ses bras, lui dire toute la place qu'il avait pris dans son cœur, mais les mots ne venaient pas, comme coincés quelque part entre le passé et le présent.

Il attendit quelques instants, puis répondit doucement :

– François Marie.

Soudain, il lui prit la main et la contraignit à s'arrêter, afin de la regarder dans les yeux. Sa voix était ferme, mais enveloppée de tendresse.

– Écoutez-moi, Judith, je vous en prie. Je crains que vous ne vous mépreniez sur ma réserve. Je ne puis aujourd'hui assurer votre avenir. Vous entraîner dans une aventure dont je ne maîtrise rien serait criminel… La seule promesse que je puis vous faire est de tout tenter pour que cela change !

Elle bafouilla, bouleversée par sa propre incapacité à répondre au compositeur.

– François Marie, je… je ne vous demande rien. Je…

Comment exprimer ce qu'elle ressentait ? Elle aurait voulu lui dire qu'elle l'attendrait, qu'elle avait, à défaut de certitudes, des sentiments pour lui, que peu à peu se recollaient les morceaux du carton découpé[1] qu'était devenue sa vie. Mais elle ressentait aussi une indicible peur, peur de la confiance trompée, peur des sentiments qu'elle avait si mal placés en Quatreterre, quand elle avait pris pour une flamme éternelle ce qui n'était qu'un tison rapidement éteint. Elle n'était pas encore certaine de tenir sur ses deux pieds, alors comment rassurer celui qui se tenait à côté d'elle ?

Il regarda les émotions se bousculer sur son visage, puis dit, d'un ton où la douceur se mêlait d'un peu de tristesse :

– Vous ne savez pas vraiment ce que vous voulez. Vous êtes si jeune, Judith, tout cela vient trop tôt… Ne prononcez pas des paroles que vous pourriez regretter. Je tiens votre main et cela suffit à mon bonheur. Profitons de cette journée, voulez-vous ?

Changeant de ton, il l'entraîna vers le quai de la Mégisserie en lui expliquant que là-bas l'attendait une surprise. Entre deux étals de marchands, il trouva ce qu'il cherchait. Au fond d'une impasse, une matrone, les poings sur les hanches, semblait attendre le chaland.

1. Ancien nom du puzzle

Sans regarder Judith, elle apostropha le jeune homme :

– Ah, ben vous v'là ! C'est qu'y vous attend, le bougre !

Rentrant dans son logis, elle en ressortit en tenant un paquet dans les bras. Judith découvrit alors un petit chien aux poils blancs parsemés de taches feu. L'instant d'après, l'animal était dans ses bras, lui léchant le visage avec sa minuscule langue râpeuse. Interloquée, la jeune fille se tourna vers Mesliand.

– C'est... c'est pour moi ?

– Oui. J'attendais l'occasion de vous l'offrir. J'ai pensé qu'il saurait veiller sur votre sommeil et pourchasser vos terribles cauchemars.

Judith enfouit son visage rose d'émotion dans les poils du chiot.

Leur arrivée à l'imprimerie fut un succès. Nicole se jeta sur le petit animal, expliquant à qui voulait l'entendre qu'il ne pouvait s'appeler qu'Achille, en vertu de la tache rose qu'il portait à l'arrière de ses pattes. Déployant sa science mythologique toute neuve – M. Pécord, son précepteur, venait de commencer ses leçons – elle allait raconter à tous l'histoire du héros lorsque Esther l'interrompit pour lui faire remarquer que le chiot tentait vainement de dormir. Une caisse de bois emplie de vieux chiffons fut installée dans la cuisine, au grand dam d'Ursule qui prétendit que l'ami des puces ne pouvait être que son ennemi. Au final, il fallut lui défendre de gaver ce chien, menacé d'une obésité précoce.

Judith sentait le regard de son père peser sur elle, mais elle prit bien garde à ne pas le croiser.

Les jours s'écoulèrent lentement, comme si aux semaines de folie ne pouvait succéder qu'un calme fait pour panser les blessures. Le printemps fut tardif. Balthazar Amelot emmena sa famille pour quelques parties de campagne. Les ouvriers, dont le libraire avait apprécié la fidélité, étaient aussi du voyage. Judith continuait à observer Mesliand, à admirer sa sérénité, à se rassurer au contact de ses certitudes. Elle-même se sentait encore si fragile, si confuse, après les malversations de Gorgemelle et la lâcheté de Quatreterre.

Pourtant, grâce à Saint-Val avec qui elle entretenait des relations régulières, son ressentiment envers l'auteur des *Lettres du palétuvier* s'effaçait lentement. Le poète savait, par touches légères, recomposer le portrait du gentilhomme. L'animal avait bel et bien regagné ses lointains îlots, terrorisé à l'idée d'une arrestation et incapable d'assumer les réactions suscitées dans le monde par son avant-propos sulfureux. Dans un premier temps, Judith était restée sourde aux tentatives de Saint-Val. Puis, peu à peu, elle avait écouté le jeune poète faire la part des choses, décrire les bontés de Quatreterre sans nier sa futilité. En filigrane s'étaient dessinées ses propres erreurs : trop jeune, trop peu au fait des manières de la Cour, elle avait pris pour des sentiments ce qui n'était qu'une galanterie, un jeu un peu troublant dont elle ne connaissait pas les règles.

Au tout début du mois de juillet, un coursier écumant arriva rue Saint-Jacques, porteur d'un pli pour François Marie Mesliand. Le compositeur le décacheta sous les yeux de Judith et blanchit à sa lecture. D'une voix entrecoupée par l'émotion, il lui expliqua alors que son frère aîné, blessé lors d'une échauffourée, venait de succomber à ses blessures. Il lui fallait rentrer à Rouen, immédiatement, pour soutenir son père et prendre la direction de leur librairie. Il ne mit pas longtemps à faire ses adieux à la famille Amelot. Envahie par un sentiment d'immense gâchis, Judith l'accompagna jusqu'au seuil de la boutique, les yeux baignés de larmes. Il l'entraîna alors à l'écart.

– Judith, il me faut partir. Je voulais vous dire… Non, je ne vous dirai rien, vous savez déjà tout, n'est-ce pas ? Ce coup du sort nous sépare, mais je ferai tout pour que nous nous retrouvions… si vous le voulez bien. En attendant, je remets mon destin entre vos mains, nul gardien ne saurait en disposer mieux que vous.

Les mots se bousculaient dans la tête de la jeune fille, elle aurait voulu dire au compositeur qu'elle avait besoin de lui, qu'elle ne pouvait concevoir qu'il ne fût pas à ses côtés. Mais était-ce la vérité ? Elle ne sut qu'acquiescer d'un signe, sans un mot.

François Marie était parti, ne lui laissant qu'Achille pour compatir à son chagrin et essuyer ses pleurs.

CHAPITRE XVII

25 septembre 1759

JUDITH SE RÉVEILLA EN SURSAUT. Une fois de plus, elle avait senti l'odeur du chiffon infect que Gorgemelle lui avait fourré dans la bouche. Son visage déformé, grimaçant, flottait encore dans l'air lorsqu'elle ouvrit les yeux. Le cœur battant, la gorge sèche, elle se leva pour contempler la rue déserte derrière les croisées. Dans cet engourdissement de la pensée propre aux réveils difficiles, il lui semblait que le drame de la rue des Lions venait à peine d'avoir lieu.

La respiration tranquille de Nicole emplissait la pièce. La chambre paraissait bien vide depuis le départ d'Esther, mariée à Chapelle depuis presque un mois. La benjamine s'était d'autorité adjugé le lit de son aînée, arguant du fait qu'aux dires de ses sœurs elle ronflait et qu'il lui fallait donc le lit près de la fenêtre. Au souvenir de cette sortie pleine de mauvaise foi, Judith se prit à sourire. D'une certaine façon, les choses avaient retrouvé leur cours, et les êtres la place qu'ils avaient toujours eue. Pourtant, elle se sentait comme diminuée, amoindrie… Esther était partie, et avec elle une partie de l'enfance de Judith. Et François Marie Mesliand, qu'avait-il emporté d'elle ?

La jeune fille frissonna et alla s'envelopper dans la courtepointe qui recouvrait son lit. Encore quelques semaines auparavant, Esther était là, dans cette chambre. Son père venait de lui faire part de son souhait : la voir épouser Chapelle. Attentive, elle avait écouté ses arguments sans émettre la moindre protestation, puis avait annoncé, avec une grande simplicité, qu'elle avait besoin d'un peu de solitude pour réfléchir. Elle était montée dans leur chambre. Judith n'avait pas tenu et l'avait rejointe. Elle se revit frappant à la porte. Esther était debout face à la fenêtre, immobile, le regard perdu. Sa sœur, bouleversée, s'était jetée à ses pieds.

– Esther, rien de tout cela n'est une obligation, je suis sûre que père est prêt à en discuter avec toi !

– Judith, tu es décidément encore très enfantine. Ne vois-tu donc pas les choses comme elles sont ?

Interloquée, la jeune fille s'était relevée.

– Je ne te comprends pas… Il y a quelques mois, tu disais que…

– Que je voulais entrer au couvent. Oui, c'est vrai, mais les choses sont différentes maintenant. As-tu vu dans quel état père est rentré de Vincennes en mars ? Crois-tu vraiment que je puisse me permettre de lui infliger une autre déception ? Tu manques parfois de lucidité, Judith, tu sais.

– Mais il s'agit de ton bonheur, Esther !

– Mon bonheur, quel grand mot… Parle-moi plutôt de mon destin. Je ne suis pas comme toi, je ne cherche pas à décider du dessein de ma vie. Je crois que Dieu a décrêté que ma vie n'était pas dans un couvent et que je me devais avant tout d'obéir à père.

– Mais Chapelle, il te plaît ?

Esther avait souri tranquillement.

– Je crois qu'il fera un bon mari.

– Mais ce n'est pas la question que je te pose !

– Non, c'est vrai. Mais celle-là, je n'y répondrai pas.

Puis l'aînée avait gentiment mais fermement conduit la cadette vers la porte. L'échange était terminé, il lui fallait prier. Quelques heures après, elle était sortie de sa chambre, comme rassérénée, pour annoncer à son père qu'elle acceptait sa décision. Elle s'était donc résignée à ce destin qu'elle n'avait pas souhaité. Non par faiblesse, comme Judith aurait pu encore le croire quelques mois plus tôt, mais parce qu'elle avait conscience de ses devoirs envers sa famille.

La pensée de Judith s'envola vers cette journée de la mi-août où la famille Amelot était allée fêter l'union, dûment enregistrée chez Maître Arouet, leur notaire, sur les hauteurs de Suresnes. Dans les jours qui précédaient, Esther s'était laissée emporter par la douce folie qui régnait parmi les femmes à l'approche du grand jour. Nicole piaillait qu'elle voulait une robe longue qui ne montrait pas ses pantalons[1], Ursule poursuivait Esther de ses conseils : pour assurer un mariage heureux, disait-elle à qui voulait l'entendre, il faut porter quelque chose de neuf, quelque chose de vieux, un vêtement emprunté et une touche de bleu. Judith, soulagée de trouver dans cette activité un remède à ses états d'âme, s'était délectée de voir la mégère tourner à la marieuse. Balthazar Amelot, prudent, avait passé ces jours-là en compagnie d'un Chapelle presque bonifié, comme déridé à l'idée de ses futures fonctions ou de la grâce des charmes d'Esther… Judith ferma les yeux. Elle revit sa sœur rougissante dans sa robe brodée, au bras du prote, cette fois visiblement transfiguré par le bonheur et la

1. Culotte à jambes en coton que les femmes portaient sous les jupons.

fierté. Il n'avait manqué à cette journée qu'une seule personne, Mesliand, uniquement présent par le truchement de la magnifique bible enluminée qu'il avait fait porter aux jeunes mariés. Mesliand dont elle attendait, dans une sorte de vide douloureux que tempérait l'espoir, quelque signe qui prouverait qu'il n'avait pas été dupe de ses silences. Elle, si peu douée pour la patience, se surprenait à accepter sans révolte cette attente aigre-douce.

Cinq heures sonnèrent à l'église Saint-Séverin. La jeune fille comprit que sa nuit était bel et bien finie et décida, en soupirant, de descendre dans la cuisine. Ursule n'était sans doute pas encore là, mais avec un peu de chance, il restait des cendres chaudes dans le potager. Se recoucher n'aurait servi à rien. Elle se dirigea vers la cuisine en faisant le moins de bruit possible. À sa grande surprise, elle y trouva son père qui tentait, sans succès, de redonner vie à quelques braises. Il sursauta en la voyant.

– Judith ? Enfin, que fais-tu là ?

– Mais la même chose que vous, je crois !

– Décidément, toujours la langue bien pendue… même dès potron-minet ! Assieds-toi donc, pendant que je tente de rallumer cette infernale chose.

– Laissez, père, je m'y entends mieux que vous !

Sans protester, Balthazar Amelot tendit les pinces à

feu à sa fille. C'est à ce genre de détails qu'elle comprenait chaque jour à quel point son arrestation l'avait changé. Si son père avait été physiquement affecté par son enfermement à Vincennes, elle savait que l'essentiel de son mal venait de son âme. Endurer l'arbitraire royal avait terni sa foi en l'avenir. Et ne pas savoir qui avait ourdi son arrestation avait altéré son naturel confiant. S'il avait repris ses fonctions de maître imprimeur et libraire, et élaborait à nouveau des projets éditoriaux, c'était sans enthousiasme. Et puis le mariage d'Esther avec Chapelle avait tout changé. Balthazar Amelot se reposait de plus en plus sur son prote. Judith tisonna vigoureusement les braises avant de jeter dessus quelques brindilles sèches. Le feu s'étira paresseusement et se mit à ronronner. La jeune fille sentait le regard de son père posé sur elle. Elle se retourna et le vit sourire.

– Tu as tellement grandi… Oh, je ne te parle pas de ta taille, mais simplement de ton regard, de ton maintien. Tu n'es plus la même.

– Père, vous dites toujours qu'il faut que les choses changent pour qu'au fond elles restent les mêmes !

– Quand je t'écoute me répondre, je crois que cette théorie a du vrai ! Tiens, prépare-moi donc un lait chaud avec une cuillerée de miel, les vendeurs de café ne sont pas encore dans la rue et j'ai l'estomac un peu vide.

Balthazar Amelot suivit d'un œil attentif les préparatifs de sa fille. Il avait bien conscience qu'elle avait dû, en son absence, faire face à des soucis qui n'étaient pas de son âge. D'ailleurs, elle ne s'était jamais étendue sur cette période. Tout au plus avait-il appris que Gorgemelle était mêlé aux ennuis nés de l'avant-propos et qu'il devait à Mesliand le retour des ouvriers.

Sur le fond, le libraire était d'accord pour ainsi tirer un trait sur cette épreuve. Quelques mots échappés à ses geôliers lui avaient fait comprendre qu'il ne fallait pas chercher à en savoir plus. Trop heureux d'être enfin en famille, il s'appliquait désormais à retrouver la paix de l'âme en tentant de regarder le moins possible en arrière. L'avenir, c'était Chapelle à l'imprimerie, de nouveaux auteurs peut-être, mais avec prudence, et, plus sûrement, des nouveautés techniques qui révolutionneraient son métier. Et puis Violaine à rassurer, Nicole à élever, et Judith… Il se résolut à attaquer de front :

– As-tu des nouvelles de Mesliand ?

Judith bondit, comme piquée par un taon. Tandis que le rouge envahissait ses joues, Balthazar Amelot nota avec plaisir qu'elle bafouillait des choses peu claires. Il avait donc visé juste et bien analysé les noires humeurs qui assombrissaient le front de sa cadette depuis le départ du susnommé. Il décida de pousser une pointe :

– J'ai eu l'impression que vous vous entendiez bien, tous les deux. Il t'a beaucoup appris pendant mon absence, non ?

Judith ne répondit pas. Comment faire comprendre à son père que sa vie s'était emballée pendant son séjour à Vincennes, qu'elle n'était plus la même ? Et comment lui parler de Mesliand ? Il ne connaissait que l'ouvrier, pas l'homme. Il ne la comprendrait pas plus qu'il n'avait compris Esther... Et quand bien même il y parviendrait, que penserait-il de ses espoirs mâtinés de doutes ?

Balthazar Amelot regardait sa fille. Elle ne semblait pas disposée à parler. Or il avait dans la poche une lettre de Mesliand. Cela faisait deux jours qu'elle était arrivée et qu'il y réfléchissait. Il était prêt, sa fille aussi, du moins l'espérait-il.

Cette lettre était la dernière d'une correspondance régulière qu'il entretenait avec son ancien compositeur. Quelque temps après son retour à Rouen, François Marie Mesliand lui avait écrit un premier billet racontant comment il prenait progressivement ses marques dans l'affaire familiale. Balthazar Amelot avait répondu à ce courrier, qu'il avait compris pour une simple marque de civilité. Mais une nouvelle lettre était arrivée. Mesliand, après l'avoir informé des dernières nouveautés typographiques venues d'Angleterre, lui demandait instamment des nouvelles de ses filles. Balthazar Amelot s'était alors souvenu d'Achille, ce cadeau qu'il avait fait à Judith. Il s'était dès lors résolu à converser par écrit avec son ancien ouvrier, convaincu que le temps et l'éloignement auraient raison de ses sentiments. Mais il n'en avait rien été et, touché par la constance et la noblesse de l'attitude du compositeur, Balthazar Amelot l'avait finalement poussé à se dévoiler.

Durant toute cette période, le libraire s'était bien gardé de transmettre ces lettres à Judith. Cette précaution s'expliquait par une double intention : comprendre ce qui se passait dans l'esprit de sa fille et lui laisser le bénéfice du temps. Conscient d'avoir forcé la main d'Esther – même s'il pensait, au fond, qu'il l'avait sortie d'une voie pour laquelle elle n'était pas faite –, il ne voulait pas contraindre aussi sa cadette.

Judith gardait un silence embarrassé. Balthazar se leva et posa la main sur son épaule.

– J'ai ici un courrier qui pourrait t'intéresser. Tu devrais le lire…

Posant la lettre sur la table, il quitta la pièce. Judith, le cœur battant, s'approcha et reconnut l'écriture de François Marie Mesliand.

Monsieur,

Je serais bien indigne de votre confiance si je vous dissimulais plus longtemps mes sentiments. J'aime Judith, et il n'est bonheur auquel j'aspire plus que celui de la voir devenir mon épouse. Chaque heure passée loin d'elle ajoute au fardeau d'une existence qui lui est vouée depuis l'instant où je l'ai rencontrée.

Recueillez les sentiments de Judith en père scrupuleux du bonheur de sa fille. Je me rendrai à ses désirs. Judith est une fleur éclatante mais fragile, qu'on ne saurait impunément priver de soleil.

Votre dévoué,
François Marie Mesliand.

Judith avait tremblé tout le long de sa lecture. Mais quand elle reposa la lettre, sa main était ferme et son esprit brillait d'une clarté toute nouvelle. La déclaration de Mesliand avait, comme un vent d'orage, chassé tous ses doutes, toutes ses inquiétudes. Il n'y avait plus en elle qu'une évidence : son désir de faire le bonheur de François Marie ; qu'un seul visage : celui, interrogatif, du compositeur ; qu'une seule voix : celle, ferme et douce, qui l'avait accompagnée lors de la nuit rue des Lions. Une nouvelle page venait de se tourner.

Plus tard, dans la journée, Saint-Val lui rendit visite et elle le reçut dans le cabinet de son père. Il remarqua tout de suite que quelque chose avait changé. Devant lui, elle donna libre cours à la nervosité qu'elle contenait depuis le matin, puis lui montra le billet de Mesliand. Saint-Val prit un air de grand frère pour lui dire qu'il voulait rencontrer l'homme qui demandait la main de sa chère Judith. D'un ton badin, il ajouta qu'il n'y avait aucune raison de refuser un prétendant qui écrivait si bien. Enfin détendue, elle éclata de rire.

– Vous riez, Judith, et j'en suis heureux. Voilà enfin que les nuages s'écartent. Mais dites-moi, nous allons perdre avec votre départ une combattante pour l'*Encyclopédie* ? J'espère que de là-bas vous saurez nous soutenir !

De là-bas ? Déjà ? L'avenir se préciserait-il si vite ?… Saint-Val donna quelques nouvelles de ses parutions poétiques, puis évoqua les remous qui agitaient les philosophes. Sur ce front, les choses semblaient peu à peu s'arranger. Malesherbes, le directeur de la Librairie, avait fait le dos rond et obtenu du roi un nouveau privilège pour les recueils de planches qui illustraient les articles. Ces recueils permettraient de préserver les libraires de la faillite[1]. De là à la continuation de l'œuvre, il n'y avait qu'un pas... Oui, son père avait bien eu raison de lui dire que les idées étaient légères, et qu'elles volaient malgré les interdictions !

À cette pensée, elle se mit à sourire : oui, les idées étaient légères, y compris celles que l'on se faisait sur soi ou sur les autres... Elle avait beaucoup appris au cours de ces derniers mois : sur elle-même d'abord, qui pouvait se laisser entraîner par ses désirs en faisant abstraction de la réalité ; puis sur les hommes, qui cachaient derrière leurs masques souvent le pire, parfois le meilleur. Elle savait qu'il lui faudrait à l'avenir être plus attentive, se garder de ses premiers mouvements et prendre le temps de considérer les êtres et les choses. Cela serait difficile, mais elle ne serait pas seule sur ce chemin...

Pensive, elle s'approcha de la fenêtre. La glycine, sur la façade, laissait découvrir sous son feuillage vert quelques grappes encore parfumées, un peu décolorées, mais qui vivaient comme un reste d'été dans cet automne naissant. C'est sous cette forme que cette aventure resterait sans doute gravée dans sa mémoire :

---

1. Sans la commercialisation de ces recueils de planches, les libraires auraient été obligés – par un arrêt du Conseil du roi – de rembourser les tomes non publiés aux clients ayant payé d'avance leur abonnement.

un peu décolorée, encore douceâtre, comme un reste d'enfance dans sa vie de jeune femme qui ne faisait que commencer.

ÉPILOGUE

UNE SEMAINE PLUS TARD, un petit colis tout cabossé par les périples d'un long voyage fut livré à la librairie. Violaine Amelot, après avoir acquitté les frais de poste, le porta à Judith à qui il était adressé. Celle-ci crut d'abord, dans un élan de joie, qu'il s'agissait de la réponse de Mesliand au courrier de Balthazar Amelot donnant son consentement au mariage. Quelle ne fut pas sa stupéfaction en ouvrant le paquet !

Il contenait un billet qui n'était pas de la main de François Marie et une trentaine de caractères d'imprimerie. Voici ce que disait la lettre :

C'est Gorgemelle qui écrit. Il est plus heureux qu'un pape, avec sa petite Honorine. La jolie, elle avait des envies de princesse, c'est pour cela que tout est arrivé. Faut pas m'en vouloir, Mademoiselle Judith, dans ma vie de chien, j'ai fait un beau rêve. Et puis un jour, le rêve, on me l'a mis dans la main. Il vous voulait pas de mal, le Gorgemelle, il en pouvait plus, de son métier de singe. Il est pas si malhonnête, la preuve, il a des remords, parfois.

Pour le père Amelot, il a une petite confession à vous faire. Sa libération était toute proche et c'était pas risqué de dire que j'avais le pouvoir de le faire sortir. C'était pas vraiment de la triche, mais un peu quand même, alors je vous envoie des caractères qui pourraient bien vous être utiles. C'est que toute fille d'imprimeur que vous êtes, vous n'avez pas l'air de bien connaître les auteurs. Leur œuvre, c'est plus que leur femme, leur enfant, leur bien : on peut toucher à tout, sauf à cela. C'est pas moi qui l'ai trouvé, mais vous pourrez le répéter à votre ami Quatreterre : la vanité blessée d'un auteur conduit à tous les crimes.

Mes salutations à Monsieur Balthazar.

Gorgemelle.

Judith avait lu d'un trait la prose de Gorgemelle et elle avala difficilement sa salive en terminant. Le ton de la lettre faisait ressurgir avec une netteté presque insupportable la personnalité poisseuse et obséquieuse du compositeur, ainsi que les effluves violents de muguet qui avaient accompagné sa dernière apparition. Sur le fond, cette missive disait peu de chose. La seule information vraiment nouvelle tenait aux motifs du commanditaire de Gorgemelle : les attaques contre Quatreterre avaient été menées par un autre auteur offensé dans son amour-propre. Pourquoi, comment, elle continuait à l'ignorer. Elle fut parcourue par un frisson d'effroi. Un rêve de Gorgemelle, voilà à quoi tenaient tous les bouleversements qui avaient affecté sa famille dans l'année : arrestation et affaiblissement du père ; mariage d'Esther avec Chapelle ; ébranlement des fondements même de la librairie-imprimerie, qui avait frôlé la faillite ! Elle brûla la lettre et rangea les caractères d'imprimerie dans un petit coffret de nacre, en regrettant que Mesliand ne fût pas là pour la réconforter.

Poursuivie par l'image de Gorgemelle, elle s'attacha, chaque jour qui suivit, à éparpiller les caractères sur son lit. Elle les regardait sans essayer d'y mettre un ordre. Il y avait notamment un nombre équivalent de « d » et de « r » minuscules, et trois majuscules, « M », « B » et « A ». Elle cherchait à comprendre, mais ne voyait pas quelle sorte de mot ou de phrase faire avec ces caractères. Un jour qu'elle les avait ressortis, sa main, comme celle d'un compositeur habile, aligna presque sans hésiter « Blaise Armand de Morderant ». Il ne manquait pas un signe ; il n'y avait pas un signe de trop.

Le valet de chambre du Dauphin ! Le collectionneur de Versailles, qui n'avait jamais donné signe de vie après leur visite. La stupeur la laissa sans voix, tandis que montait en elle une sourde colère. Ainsi, c'était lui, cet homme insaisissable, qui avait fait envoyer son père en prison ! Qui l'avait frappé juste pour atteindre sa cible, usant de lui comme d'une bille dans un jeu de billard. Tout cela parce que Quatreterre était trop haut placé pour être une cible directe !

Elle revit en un éclair leur visite du mois de février chez Morderant. Il avait convoqué son père pour l'évaluer, sans doute. Et ne l'avait pas épargné. Oui, tout concordait, la date, la fonction du personnage, proche du roi et de ses pouvoirs… Elle ne pouvait se tromper. Mais restait la lancinante question : pourquoi ? Pourquoi Morderant s'était-il acharné sur Quatreterre au point de tout détruire autour de lui ? Était-ce à cause d'une vanité blessée d'auteur, comme l'écrivait Gorgemelle ? Quatreterre avait-il persiflé un écrit de Morderant ?

Non, tout cela était démesuré, insensé ! Elle ne pouvait croire à de tels actes pour de si faibles motifs ! Son père aurait pu mourir pour une simple vexation ? Le monde serait si odieux, si désespérant ?! Un mot lui revint, un mot entendu dans leur propre librairie, un mot qui flottait dans le salon de Mme Geoffrin, un mot qui résonnait somme toute partout en ces temps tumultueux : « la guerre ». La guerre entre les partisans de l'*Encyclopédie* – comme Quatreterre – et ses opposants, dont faisait partie Morderant. Elle s'arrêta longuement sur cette idée. Si la famille Amelot avait été frappée pour ses liens avec les philosophes des Lumières, alors cela donnait une sorte de sens à ses malheurs. Alors tout n'était pas vain et vil. Alors elle pouvait redresser la tête.

La Judith naïve et enthousiaste de l'enfance avait disparu depuis de longs mois. Celle qui lui avait succédé, abîmée dans une attente confuse, n'était plus depuis que la déclaration de Mesliand avait servi de révélateur à ses sentiments. Elle avait cru sa métamorphose achevée, et voilà que cette subite irruption du passé dans sa vie éveillait à nouveau quelque chose d'inconnu en elle, un goût étrange et difficile à définir.

Un dernier regard sur les caractères alignés sur sa courtepointe, et elle leva les yeux vers la croisée, pour apercevoir un coin de ciel bleu menacé de nuages. Les choses étaient claires maintenant : quelque part en Normandie, le bonheur l'attendait. Mais si le mot « destin » avait un sens, alors elle connaîtrait le goût de la vengeance.

TABLE DES MATIÈRES

LAURE BAZIRE & FLORE TALAMON

Si l'on mettait en commun les vies des deux auteures de ce livre, que trouverait-on ? Des livres, des centaines de livres, et des heures passées à les savourer et à en parler ; Versailles et son parc, des chiens, des enfants qui ne leur appartiennent pas toujours ; un attachement particulier pour leur province, la Touraine et la Normandie ; le goût revenu de Paris ; l'envie de transmettre leur passion pour la littérature, dans des classes ou ailleurs ; des maris qui se sont connus dans des vies antérieures ; l'amour de la recherche, des heures passées en bibliothèque à traquer le détail dans des manuscrits d'époque ; des études similaires, et une même prise de distance avec le monde trop aride de l'entreprise...

Plus important encore que tout cela, il y a le plaisir de travailler ensemble, de créer un monde dans les interlignes de l'Histoire en donnant la vie à des personnages qui ont peut-être existé, mais qui n'ont pas laissé de traces. Et puis il y a le rire. Rire de tout, y compris de soi-même, rire en construisant un scénario et en imaginant des personnages dans des situations incongrues. Rire toujours, même quand la vie n'y incite pas…

Reste qu'elles sont toutes deux bien distinctes : pour ceux qui les connaissent, impossible de les confondre ! Mais gageons qu'en lisant leurs livres, vous ne pourrez démêler ce qui appartient à l'une et à l'autre : c'est la magie des livres écrits à quatre mains !

DES MÊMES AUTEURES
AUX ÉDITIONS NATHAN :

Les enfants des Lumières : 1762 – L'encrier du diable

Le singe de Buffon

Le sang d'un prince

L'envol des corbeaux

De Laure Bazire :

Les amoureux du Green Dragon

Les médecins ridicules

Le secret du gladiateur

De Flore Talamon :

Un marin de trop

Sur un air de Mozart

Noé – Face au déluge

Ève – La ruse du serpent

Sarajevo 1995 – Entre deux feux

Si vous souhaitez contacter les auteures,
vous pouvez leur envoyer un message électronique à :

lesenfantsdeslumieres@gmail.com

RETROUVEZ JUDITH DANS

Les Enfants des Lumières

1762

L'encrier du diable

ENVIE DE DÉCOUVRIR
DES EXTRAITS D'AUTRES ROMANS ?
ENVIE DE PARTAGER
VOS AVIS SUR VOS LECTURES PRÉFÉRÉES ?
ENVIE DE GAGNER DES ROMANS EN EXCLUSIVITÉ ?
REJOIGNEZ-NOUS SUR

www.lireenlive.com

ET SUIVEZ EN DIRECT L'ACTUALITÉ
DES ROMANS NATHAN

LIRE en live

FSC www.fsc.org
MIXTE
Papier issu de sources responsables
FSC® C022030

N° éditeur : 10220474
Achevé d'imprimer en juillet 2016 par CPI Firmin-Didot (136740)
(27650 Mesnil-sur-l'Estrée, Eure, France)